シリーズ　刑事司法を考える

第0巻

刑事司法への問い

シリーズ　刑事司法を考える

第0巻

刑事司法への問い

岩波書店

刊行にあたって

もし後世において日本の刑事司法の歴史に関心を寄せる者がいて、二一世紀初頭の法制度や改革、そしてその後の運用を眺めたとき、いかなる評価を下すであろうか。われわれは、これまでそうした未来からの視点に立って今の制度や改革論議を考察する機会を持ったことがあっただろうか。確かに、大きな波が押し寄せているときにその海が静かな凪へと転じる日を思うことが困難であるように、異なる意見を激しく闘わせる席上で、改革が終わった頃に人々が日常的に利用する制度、そこに立ち現れる風景を想起することは簡単ではないだろう。

周知のとおり、日本は今世紀初頭におこなわれた司法制度改革によって、裁判員制度や被疑者国選弁護人制度の導入、検察審査会への起訴強制権付与といった大きな変革を経験し、並行して、また引き続いて、被害者参加制度に加え、少年法における不定期刑の延長や公訴時効の撤廃といった厳罰化を経験した。二〇一六年には、法制審議会の答申を受けて取調べの録音録画(いわゆる可視化)の法制化や、取調べに代わる新たな捜査・立証手法の導入が国会で決まり、大きな変化を目の当たりにするに至った。

司法制度改革以前、被疑者段階にある人が自分で頼んだ弁護士を持たない場合には、「当番弁護士」というボランティア頼みの弁護人が一度限り助言に応じるだけだった(そのような当番弁護士制度ですら、それが動きだしたのは一九九〇年代のことである）。今では法定刑によっては勾留段階から国費で弁護人が与えられるようになっている。憲法の明文は起訴後の被告人段階でのみ国選弁護人を保障していたため起訴前の段階では国費による弁護人は付与されなかったけれども、司法制度改革によってその範囲はずっと広がっている。

捜査の過程で関係者に見返りを保証することによって有益な情報を引き出す手続きはこれまで公式には我が国に存在しなかった。ところが、二〇一六年の法改正によって、他人の犯罪について有益な情報を提供してその見返りに処分を軽減・免除する「協議・合意制度」を取り入れた。長年我が国では、そのような取引き的行為を使って罪責を追及する制度は市民感情に反すると説明されてきたが、いよいよ日本の刑事司法においても取引きを基礎にした刑事裁判が始まろうとしている。

裁判員裁判以前の日本の刑事裁判の法廷を思い出してみても、法曹の言葉は難しいどころか小さすぎて傍聴人には届かず、聴き手の目を見て弁論する法曹は少なかった。今や弁護人や検察官は裁判員となった市民の目を見つめ、その主張を分かり易く伝えようと苦戦している。張りのある声が法廷の隅々に届くようになっている（もっとも、裁判員裁判以外では現在でも以前と変わらず、割合的にはそうした裁判がまだ圧倒的に多いだろう）。

当事者主義の名の下に裁判当事者は独自に証拠を集めるのが当然だとされ、弁護人には検察側がどのような証拠を持って公判に臨んでいるのかを知るすべはなかった。ところが、冤罪を争った少なくない事件で被告人や請求人に有利な証拠が隠されていた事実が明らかになり、検察側の有する証拠に確実にアクセスできる制度が求められてきた。二〇一六年の法改正により、とうとう弁護人は検察側手持ち証拠のリストを手に出来るようになった。

犯罪の被害者にとっても、かつては証人としてしか法廷で語ることが許されず、法律家の質問に答えるだけであった。今では意見として思うところを述べることが出来るし、証人に質問したり、量刑について意見を述べる機会も与えられるようになっている。

九〇年代から少年犯罪の凶悪化現象が繰り返し報道され社会の不安が煽られた結果、厳罰化が求められ、更生保護を目的とした少年法の有り様に大きな変化が生まれたのとは裏腹に、日本の少年犯罪は減少の一途を辿り、二〇一五年の統計では遂に戦後最低をマークした。にもかかわらず、今なお少年法適用年齢の引き下げが議論されようとしている。

かつて受刑者は、刑務所を出ても行き先がなく社会に受け入れてもらえないまま再犯に至るというルートを通りがちであった。知的障がい者は本来福祉の手で救われるべきであったのに、福祉の網から漏れて犯罪に手を出し刑務所に送られていた。いま、検察官は起訴の前に福祉的手法で再犯を防止する手だてを講ずるようになり、刑務所内でも職業紹介ができる仕組みが導入され、弁護人も更生を見通した援助を弁護活動に取り入れるようになっている。

確実に、そして予想を上回る勢いで、日本の刑事司法は変わりつつある。その変化は専門家ですら全体像を摑むことに困難を覚えるほどであり、従来の姿を前提に議論していては将来の予測を誤りかねないだろう。

とりわけ、これまでは専門家によって独占されていた刑事司法の議論の場が、多様なアクターの声を取り入れた政治的アリーナへと変貌を遂げており、刑事司法の運用面も安定しているとは言い難く、現実の制度は絶えず法改正の動きを内包している。加えて、法制審議会における議事が明らかにしているように、改革に携わっている専門家達においてそもそも改革の筋道や改革すべき実務的課題が共有されておらず、改革を望む市民との対話はすれ違いに終わっていて、改革の処方箋すらこの国では用意されていないという現状がある。

これほどのダイナミクスと混乱は、戦後の刑事司法においてかつてなかったと言ってよい。その内容についても、これまで学界や法曹界で論じられながら実現を見なかったものから、当時はまったく予想もされなかったものまで多様な事柄を含んでいる。捜査段階から公判段階、刑事司法に関係する様々なステージに広がっていて、その広がり故に、今起きている変化について刑事司法全般にわたって功罪を論ずるにはたいへんな時間を要することになるだろう。けれども、だからと言って今の時点でわれわれがなすべき務めを放棄することはできないはずだ。必要なのは、多岐にわたる刑事司法をめぐる改革論議の表層をなぞることではなく、それぞれの根底にある制度的・思想的課題に思いを寄せ、従来のアプローチの限界を見極めると同時に、国際的な動向は言うに及ばず、あるべき法制度を見通し将来の設計図にまで触れるような力強い議論をおこなうことであろう。

わたしたち編集委員は、実務家、研究者として、この変化の著しい時期にあえて日本の刑事司法全般に広くメスを入れ、今後のあるべき刑事司法を見据える必要を感じこの講座を編むこととした。われわれはそのためのミッションとして、刑事司法をめぐる改革論議に否を言うことも含むと了解しており、これまで改革の要が十分に共有化されてこなかった事柄について議論を加速させることも必要と考えている。また、日本では未だ十分に取り上げられ、触れられてこなかった、しかし重要と思われる未開拓の領域に分け入る作業も担うべきだと考えている。

その使命を果たすためには、国内のみならず海外も含めた多くの研究者や実務家にわれわれの思いを伝え、これに賛同する多様なバックグラウンドを持つ執筆者に対してその優れた英知や知見を提示してくれるよう求めることとした。それは後世の人たちのためにではなく、今、日本の刑事司法制度に関わる多くの問題について深く掘り下げ、立ち止まって考えようとする人々＝われわれが心から望む読者＝のためである。そうした読者にこのシリーズの全ての章が届けられるならば、刊行を企画したわれわれの本望である。

編集委員一同

はじめに

私たちが刑事司法について語ろうとするとき、それは必ず自分の置かれた立場やそれまでの経験に基づくことになるはずだ。そうした「主観性」は、刑事司法と自身との関わりによって決定づけられることになるだろう。その関わりとは、ある人にとっては仕事や職業としての関わりであるだろう。その場合、人は刑事司法とその制度の渦中にあったことになる。また、研究対象や取材対象のように刑事司法を客体として観察してきた人もいるだろう。

だが、司法制度を考えるときに忘れてはならないのは、刑事司法において取り扱われた人たちの声ではないだろうか。社会の諸制度について考察する場合に利用者の視点というのは不可欠だし、利用しやすい仕組みや手続き、コストや効率が考慮される。刑事司法の場合にも、利用者ではないが、その制度や手続きに「主体的」に関わらざるを得なかった人たちがいる。被疑者・被告人（報道用語では「被告」）のように、嫌疑を受けたり裁判にかけられたりした人である。中には無実の罪でそうした立場に置かれた冤罪被害者の方もいる。反対に、犯罪の被害に遭った被害者やその家族の方々もいる。また、刑事施設に収容され一定期間を過ごした受刑者やそうした人たちに関わった方々もいる。

編集委員でこのシリーズの企画を進める話し合いをする中で、刑事司法について幅広く検討を加えようというときに、以上のような様々な立場や経験を持つ人たちの声を各巻の執筆陣とは別に広く集めなければならないのではないか、という考えで一致した。そこで、六巻に渡るテーマ毎のシリーズとは別に、刑事司法に関わる様々な立場の方々に日本の刑事司法とそれを取り巻く社会に対する思い、希望や展望を短いスペースでお書き頂くよう依頼することになった。

結果として二六人もの方々から、刑事司法に対する率直で、とても興味深い内容の文章を寄せて頂くことができた。多くは刑事司法に対して「当事者」として関わった方で、半数以上のお原稿は、刑事司法で働いた経験のない方々から寄せて頂いている。

刑事司法について専門家が語るとき、どうしてもその議論は抽象的なものとなってしまう。当事者の経験した刑事司法の問題が議論の端緒であったとしても、ときとしてその議論は当事者不在のものへと変質してしまう。実際、今次の刑事司法改革をめぐる議論、とりわけ法制審議会でのそれを見ていると、新たな制度を描く設計図の完成が近づけば近づくほど議論は抽象化し、当事者の声ではなく制度を運用する側の声が勢いを増し、当事者の経験に基づく意見や希望は次第に制度構築の細部を詰める議論の中にかき消されていったように思う。

アメリカの著名な法社会学者で後に連邦判事となったジェローム・フランクがアメリカの刑事裁判所を鋭く批判し改革を訴えた『裁かれる裁判所(Courts on Trial: Myth and Reality in American Justice)』(弘文堂、一九六一年)という本がある。原著は一九四九年に刊行されたいわば古典なのだが、陪審裁判制度や職業裁判官制度、法曹養成制度といったアメリカの刑事司法の土台となっている様々な制度に対して躊躇なく批判を浴びせただけではなく、刑事司法をより良い、そして信頼に値する制度へと発展させる、こんにち読んでも示唆を多く含む内容である。

同書のある章に、「正義の女神のめかくしをとる」という表題が与えられている。フランクはこの章で、古来人々が正義の女神に込めていた意味付け、すなわち、斟酌すべき諸事情、とりわけ人に関わる様々な事柄、を無視して全ての人間を一様に取り扱うために目隠しがされていることを紹介し、司法制度を（刑事司法だけではなく民事司法も含めて）そうした法の下の平等を求める冷淡な装置ではなく、暖かで慈愛に満ちたものへと変えていく必要があるのではないか、と説いている。

刑事司法において何らかの仕組みを新たに立ち上げたり始めようというとき、その作業においては、誰もが平等に取り扱われるように、あるいは誰が関わっても均等な負担になるように、制度を作る側は意を尽くすことであろう。だから正義の女神が目隠しをしているのには不偏不党、すなわち司法における公正さという象徴的意味合いがある。けれども、刑事司法は人によって成り立っている仕組みであり、決して無機質なものではない。刑事司法を語るとき、正義の女神が掲げる天秤の両側に権利だとか義務だとか、あるいは証拠や証言といったものだけを置いてその傾きを測ろうとするのではなく、もっと裁かれる人や関わっている人たちに目を向けていく必要を、いつしか刑事司法に関わる人々は置き忘れてきたのではないか。私たちの目が抽象的な制度や手続きだけに向けられてしまっていて、扱われる人や守られるべき人たちに眼差しが向けられなくなってはいないか、本巻に寄せられた多数のお原稿を拝読するとき、そうした思いが強く胸に迫ってくる。

まさに、フランクが章題に掲げたごとく、私たちが日本の刑事司法を見つめたとき、いわば正義のシンボルたる正義の女神像の目を覆っているその目隠しを外さなければならない。そうすることで、様々な当事者や経験者たちの思いに寄り添った刑事司法の姿を見据えていくことができるようになるのではないか。この0巻に寄せられたたくさんの文章は、私たち自身は主体的に経験していないけれども私たちが日本の刑事司法全体を鳥瞰しようとする際になくてはならない、大切な視座を提供してくれるはずだ。

なお冒頭にはシリーズ『刑事司法を考える』全体の趣意文を収録している。これは各巻の執筆者らに対する呼びかけ文となっていると同時に、本シリーズを編集委員がどのような気持ちで捉えているのか、端的にまとめているので是非お目通し頂きたい。そして、巻末には編集委員の座談会も収録されている。第1巻から第6巻まで広がる刑事司法に関わる様々なテーマを編むにあたって各編集委員がどのような思いで各巻の責任を負ったのか、また、それぞれのテーマについて編集委員同士互いにどのような感想を抱いているのかを自由に語ってもらっている。0巻に引き続き、本シリーズの頁をめくる際には、どこか頭の隅に置きながらお読み頂ければ幸いである。

二〇一七年一月

編集委員を代表して

指宿　信

目　次

Ⅳ　座談会　大改革時代の刑事司法

I

被告人・被害者の立場から

「勝率ゼロへの挑戦」から得たこと

八田　隆

「主文、被告人は無罪」

二〇一三年三月一日、佐藤弘規裁判長の判決は、まさに日本の歴史を変える判決だった。なぜなら、一九四八年の国税局査察部創設以来、彼らが告発し、地検特捜部が起訴した事案で、無罪判決はかつて一度としてなかったからである。その瞬間、被告人として法廷にいた私に、喜びや安堵がなかったと言えば嘘になるが、私の心境はそれよりも説明し難い複雑なものであった。それは後から考えると、一種のサバイバーズ・ギルトのようなものだったと理解している。自分自身が当事者になるまで言葉でしか知らなかった冤罪は、偶発的に起こるものではなく、構造的に起こっている。私が巻き込まれた冤罪は、氷山の一角にすぎないと感じた(1)。

冤罪は、なぜ起こるのか。一言で言えば、捜査権力が誤った目的意識を持っているからである。日本の刑事裁判の有罪率が九九・九%内外と極めて高いことは知られている。捜査権力は、それを彼らの優秀さの証としているが、彼らが自身の無謬性に拘泥すればするほど、自らの過ちを認めることは困難になる。捜査権力が「無謬神話」を固持しようとすることこそが、冤罪が生み出される原因であり、捜査権力自身による改革の足枷になっている。そして裁判官も、極めて高い有罪率ゆえに捜査権力を過信する結果、冤罪を看過することになる。彼らも

「無謬神話」の呪縛に囚われているのである。

日本の刑事司法制度には少なからずの欠陥を指摘することもできるが、ある一つの前提を置けば、これ以上うまくできた制度はないと理解できる。その前提とは、「捜査権力は過ちを犯すことはない」というものである。もしその前提が正しければ、被疑者・被告人は常に犯人であり、彼らがいかに狡猾に言い逃れをしようとも、訴追側が必ず勝つように制度設計されている。人質司法、可視化されず弁護士立ち会いも許されない取調べ、検察官が恣意的な言葉で作成する検面調書に認められた高い証明力、検察の裁量次第の証拠開示、検察官上訴制度、それらは、「捜査権力は過ちを犯すことはない」という前提に立つことによってのみ是認できるものである。

私が肌で感じた冤罪の要因の一つは、検察官の取調べ能力の高さ、それは即ち調書作成能力の高さである。取調べは事情聴取ではない。検察が起訴することになれば、公判で彼らが有罪立証に用いる最強の証拠である調書を作成するためにある。彼らは、それを十分に理解し訓練を積んでいる。被疑者は、取調べを受ける訓練など受けていようがないのだから、容易に有罪立証に都合のよい調書が作られるだろう。調書は、被疑者に関し裁判官に猜疑心を与えるよう巧妙に作成される。一人称で書かれながら、検察官が怪しいと思う部分は、符丁として問答形式が挿入されるといった技巧が用いられるのもその一例である。私の特捜部取調べでは、検察官が恣意的に調書を作成することに関し激しく論戦した結果、調書は全て逐語的に問答形式で作成されることになった。だが、それにより更なる問題も生じた。検察官の発話は事務官がタイプするパソコン画面を見ながら訂正できるのに対し、私は頭の中で調書に落ちる文言を考えなければならないというハンディキャップを負うことになった。検察官は、実に巧妙に被疑者の言質を取りに来る。検察官の一手がどのような意味を持つか、数手先を読まなければ一言も発することができないプレッシャーは、経験した者でなければ分からないだろう。取調べのプロである検察官に対して、知力・気力・体力で伍することができなければ、取調べをイーブンに乗り切ることは不可能である。そのようにして作成された調書が、公判では最も重要な証拠として用いられることは理解されるべきである。

捜査権力にとって圧倒的優位に刑事司法制度が作られ、捜査権力がその無謬性に拘泥する限り、冤罪は作られ続ける。そのことを理解すれば、冤罪を減らすために必要なことは、「捜査権力も過ちを犯す」という前提に立つ制度作りだが、そのハードルはかなり高いと言わざるを得ない。外力による制度変更は法改正によるが、起案に携わる法制審議会の調整役が法務・検察官僚である以上、結局、作られた制度は彼らの利益を反映したものになるからである。それは、郵便不正事件に端を発した一連の刑事司法改革が、結局、捜査権力の焼け太りとも言うべき結果(全刑事事件の約二%の取調べ可視化と抱き合わせの、捜査協力型司法取引導入や通信傍受法対象拡大)に帰したことに顕著である。

捜査・取調べ適正化のための制度改革の努力を惜しむべきではないが、異なるアプローチも必要だろう。そこでは冤罪のベルトコンベアに乗っていた私が、なぜ最終的には救済され得たのかということがヒントになると思われる。私が行った二〇分の被告人最終陳述(2)の最後のメッセージは、捜査権力、特に検察官に宛てたものだった。法曹三者の中で検察官を選ぶ者は、本来、犯罪を憎む正義感が最も強いと思われる。彼らがその初心を忘れないならば、冤罪という刑事司法における最大の犯罪を作ることを自らに許すはずがなく、必ずや刑事司法は正しくなると信じてのメッセージだった。私の無罪判決後に、佐藤裁判長が「私の独り言ですが」と前置いて行った説諭を「私も初心を忘れずに歩んでいきます」と結んだのは、私の心からの訴えに対するアンサーだったと思っている(3)。

捜査権力の無謬性を最も信頼しているのが裁判官である。彼らが被告人と接する時間は、捜査権力のそれとは比較にならないほど少なく、手元の証拠も全ての証拠のごく一部である。限られた情報にしか接していない彼らが、はるかに多い情報を基にされている捜査権力の判断を優先することには一理ある。しかし、裁判官が捜査権力の無謬性に一旦は疑念をはさみ、特に被告人が否認している場合には、真実が語られているのではないかと虚心坦懐に臨むことが冤罪を減らす鍵になるはずだ。裁判官のともすると陥りやすい捜査権力に対する過信を拭い去る意識改革が、刑事司法改革の制度面からではない別のアプローチである。捜査権力はいかに批判されても、裁判官が彼らを信頼する限り、彼らの目的化してしまった有罪生産には何ら支障がない。しかし、もし無罪判決が頻発する事態になれば、捜査権力は今以上に有罪立証に慎重にならざるを得ないであろう。制度を変えるのではなく、判決が実務に与える影響をもって、捜査・取調べの適正化、ひいては冤罪減少につながることを期待するものである。

しかし、裁判官の自覚を促すと一口に言っても、それは容易ではない。裁判官の少なからずは、局外からの圧力に寛容ではないからである（それゆえ、私の刑事裁判主任弁護人の小松正和弁護士は、裁判官への圧力と取られかねない署名運動は百害あって一利なしと考えていた）。私は、特捜部取調べの模様をＳＮＳによって積極的に開示し、公判が始まってもそれを継続した。私がその際に気を配ったのは、裁判官に圧力を懸けていると一切感じさせないことだった。それでも、裁判官には国民が注視しているという意識を持たせることが必要である。だからこそ司法記者には、できる限り裁判官の名前を明らかにした上で記事にしてほしい。勿論、批判だけではなく、正しい判断には相応の評価をし、訴訟指揮がどのようであったかまで報じてほしい。

組織の論理が優先し得る捜査官に対し、裁判官個人の裁量は、判決レベルでは捜査官より大きいと思われる。その彼らにとっても無罪判決にはそれなりの覚悟が必要である。彼らが避けたいことは、誤判とされることであり、自分の判決が上級審で覆されることである。無罪判決ともなれば、検察は組織を挙げて抵抗してくる。その抵抗に耐えるだけの判決文を書くことが必要とされる。刑事裁判の有罪率において、特記すべきは控訴審における一審無罪判決の破棄率の高さである。一審有罪が控訴審で破棄無罪となることは極めて稀であるが、逆に、一審無罪が控訴審で破棄有罪となる率は著しく高い(4)。一審裁判体が無罪を判じた以上、推定無罪原則が働くはずであることを勘案すると、一審無罪の破棄率こそが異常なほど高いものである。そのことが、誤判とされることを怖れる裁判官に影響しないことはありえないだろう。

もし刑事司法の制度を一つだけ変えることができるのなら、私が選択するのは、検察官上訴の廃止である。先進諸国では「二重の危険」として認められていない検察官上訴が日本で認められているのは、「確定するまでは上級審を含めて一つの手続き」とした一九五〇年九月二七日最高裁判例によるが、この判例の事案は、量刑不当による上訴に関するものだった。それを無罪判決に対する上訴に拡大解釈することは、一事不再理を定めた憲法三九条に違反すると考える。検察官上訴が廃止されることにより、裁判官のより自由な心証で無罪判決が促されると信ずる。

二〇年余り外資系企業で勤務した自分の経験から、私は日本国民が勤勉で優秀だということを知っている。その日本の刑事司法が、中世並みと揶揄されるものであっていいはずはない。むしろ日本は、世界に冠たる刑事司法先進国であるべきである。その責務は国民全員にかかっている。私もその一人として、また冤罪から救済された者として、その責務を果たすべく微力ながら尽力したい。

(1) 私が巻き込まれた事件に関しては、ウィキペディア「クレディ・スイス証券集団申告漏れ事件」を参照されたい。

（2）被告人最終陳述の全文は、拙著『勝率ゼロへの挑戦　史上初の無罪はいかにして生まれたか』（光文社刊）に収録。

（3）江川紹子「初心を忘れず、初心に返ろう～この無罪判決が意味するもの」http://bylines.news.yahoo.co.jp/egawashoko/20130301-00023691/

（4）検察官控訴による一審無罪判決の控訴審破棄有罪（破棄有罪件数／控訴件数）
二〇一〇年　一八件／二六件、二〇一一年　三二件／四〇件、二〇一二年　一七件／二九件、二〇一三年　七件／二〇件、二〇一四年　一九件／三六件　（平成二三～二七年版『犯罪白書』より）

八田　隆（はった たかし）　東京大学法学部卒業後、ソロモン・ブラザーズ証券、クレディ・スイス証券、ベアー・スターンズ証券に在籍。『勝率ゼロへの挑戦　史上初の無罪はいかにして生まれたか』（光文社、二〇一四年）ほか。

官僚の自己保身と組織防衛の果て

佐藤栄佐久

福島県ゼネコン汚職事件の概要

福島県のダム建設工事の受注をめぐり二〇〇六年一〇月、東京地検特捜部が前福島県知事佐藤栄佐久と民間人の弟を収賄罪の正犯・共犯として摘発。知事と弟が共謀し、知事が県土木部長に「天の声」を発する見返りに受注ゼネコンが別のゼネコンを使って弟が経営する会社の土地を購入、市価との差額一億七千万円が賄賂だとして起訴。しかし知事には一銭も入らず、土地売却の事実も知らなかった。一審東京地裁・二審東京高裁とも便宜供与(天の声)と共謀を認め有罪としたが、一審は賄賂額を一億円減額、二審に至っては知事には利益を得る認識はなく賄賂額はゼロ、「換価の利益」だけという前代未聞の判決となった。自白調書が有罪に影響しているが、収賄罪の要である賄賂額認定で特捜部は裁判所から強く批判された。二〇一二年最高裁は上告を棄却。詳しくは『知事抹殺』(佐藤栄佐久著、平凡社)を参照されたい。

特捜検察——調書作成の手法

二〇〇六年一〇月二三日、任意の取調べもなく私は東京地検特捜部に突然逮捕され、東京拘置所に収監された。

その時点で私は事件の構造はおろか、自身が何を疑われているのかすら知らなかった。独房では情報は遮断され、密室の取調室では、情報を持つ者(検事)と持たない者(私)の圧倒的な格差によって被疑者は心理的に操作される。自白調書とはそのようにして取るのだということを、私は身をもって知った。

四人の弁護士が交代で毎日接見に通ってくれたが、一度取調室に入ってしまえば、検事は恣意的な情報を与えることで被疑者を追い込むことができる。

私の取調べに当たった山上秀明検事は、「木戸ダムは〇〇建設で」と私が県土木部長にダム工事の業者を指定する「天の声」を発したこと、弟と共謀して弟の会社の土地をゼネコンに売ったという自白を取ろうとした。そうすることで、弟の会社の土地売却と知事の私が結びつき、収賄罪の構成要件が満たされる。これが、特捜部の描いた「絵」だった。

山上検事は私が関与を否定したり「知らない」と言ったりすると、激しくいらだち、怒号を上げたりしたが基本的に温厚だった。弟を調べた森本宏検事は何かが憑いたようだったという。森本検事の取調べは連日早朝から夜半前まで行われ、直接の暴力以外のあらゆる手段で弟を脅した。怒鳴りつけ、調書の紙をいきなりぐしゃぐしゃにしたり、自分の上着を床に叩きつけ、「中学生の娘が卒業するまでここから出さない」「福島県内ずたずたにしてやる」などと心理的に追い詰めて行った。私との接見の際、弁護士が「弟さんは判断能力が失われてきている」と伝えられたのを覚えている。連日、長時間の取調べはそれ自体、精神と肉体を痛めつけ、洗脳に近い効果があることを私自身も感じていた。

福島県の事件を東京地検特捜部が担当することも異例だったが、私の後援会関係者や支持者が軒並み東京地検に呼ばれたのは、身を切られるような辛さだった。企業経営者は必ず検事にこう言われた。

「こっちには人も時間も予算も十分にある。明日おまえの会社を潰すなどわけもない」「大切な社員を路頭に迷わせる、そう脅しているのが国家権力なのだ。その圧は暴力団の比ではないだろう。

事情聴取は郡山行き新幹線の最終ぎりぎりまで続けられる。「帰ってよいと言われたが、まっすぐ立っていられない」「いま新幹線のドアを開けて、飛び降りてしまえば楽になれると思った」などの声が続出した。持病をもつ私の妹は取調べ中に一杯の水も与えられず、その夕方、意識を失って倒れ、病院の救命救急センターに入る危険な状態に陥った。

これだけ厳しい取調べを行い、何を聞き出そうとしていたか。証拠や事実関係の裏付けを採ろうとしたのではない。なんとただ、「栄佐久の悪口を言え」というのであった。「上司に報告しなければならない。何でもいいから言ってくれ」と懇願した検事もいたという。

後援会の方が詳細にやりとりのメモを残している。

――栄佐久はすばらしいから二〇年間も支持してきたのだ

「とぼけるな。ふざけるなよ。一つでもいいから悪いことをいえ」

――しらない

「知らないこと知ってると言ってもこの部屋の中だけで外には出ない」

――もし栄佐久がそういう（悪い）人間であるなら県民を裏切ることになる

「「もし」だけ削除して調書作成していいか?」

このやりとりは、検察官が供述を歪曲して調書を作成する手法を示している。

このおかしな取調べは収賄の証拠が一切出ず、捜査が迷走したため起こったことだ。何もないことが逆に絨毯爆撃のように、私の周りの多くの支持者を苦しめた。

ことに、会社の創業メンバーとして私と一緒に働き、再建の先頭に立っていた総務部長が特捜部の事情聴取の朝に自殺を図り、意識不明の重体となったことは、大きな衝撃を与えた。山上検事はその事実をことさらに取調室でちらつかせ、私をゆさぶって自白させようとした。

私の政治家としての力の源泉は、選挙を通して有権者から信認されることにあった。無風選挙と言われる選挙でも、県民は驚異的な得票率で支持を与えてくれた。それがなければ、五期一八年、原発問題をはじめ、二〇〇万県民の安全や生活のために奔走することは出来なかった。そんな私の命といえる何の罪もない支持者／県民を特捜部は狙い撃つ。私が実際にはなかった罪を自白する気になったのは、県民をそんな苦痛にさらし続けることに耐えられなかったからだ。

「細かい内容ではないのです。マインドを切り替えて「思い出すように」」。しかし私は自白しようにも事件について何も知らない。

私は取調室で山上検事から「〝〇〇（建設）は熱心〟前知事、元県幹部に伝える」という大見出しの読売新聞のトップ記事を見せられた。メディアに情報をリークし、それを取調べ時に見せ誘導し、証言を再生産するという手法は調書を取る際よく使われていたようだ。

土地取引の評価額が載った新聞を見せ、単純収賄でも追徴金は一億七千万円になるという。本当に収賄したのなら、貰った金額を吐き出せばいいのだが、何しろ私は一銭も受け取っていない。そんな金額出せるわけがない。取調室では、私がお伺いを立てて検事の反応を見るような関係になっていった。やりとりはまるで取引のようになっていった。

これらはいま思えば、外部との情報遮断によって作り出された土俵に上げられていたもので無意味かつ屈辱的な交渉だった。

私は、(1)天の声は発していない、(2)金には全く触っていない、(3)土地取引の金額は知らない、の三点だけは譲りたくなかった。しかし、「進行は任せてください」という検事の作った調書は、「土木部長に〝(受注は)どうなっている〟と聞いた」「会社の土地は、ゼネコンが受注で知事の世話になったと感じて買ったもの」「会社の従業員は私の支援者。そのリストラに関わる問題なので弟は私に土地売却の話をしたのだろう」と、私の「天の声」と弟との共謀を認める内容になっていた。

結果としては、この自白調書により有罪判決が書かれることになるが、延焼し続ける火を消すにはこれしかなかったと思っている。〝お前は好きなようにだまっていればいい、近しい者たちがどうなるか、楽しみだな〟こんな世界は、時代劇にしかない虚構だと思っていた。

山上検事は後に特捜部長になったと聞いた。

矛盾を是認し事実に対し妥協を求める裁判所

裁判が始まると、奇妙なことが次々にわかった。

「自分が知事の天の声を聞いた」と証言した土木部長が、自宅に二六〇〇万円もの出所不明の現金を隠し持っていた。これは特捜部が隠蔽していた事実で、弁護士が公判前整理手続で発見したものだ。彼は特捜部に「弱み」を握られていた可能性がある。さらに、弁護士が接見で把握していた弟の「自白」の日付よりも、はるか前の日付の自白調書が四通発見された。この捏造調書——かすめとり調書を使って検事は「弟はもう自白している」と、ストーリーに従った供述を関係者に求めていたのだ。

また実際の受注調整は前の代の土木部長と業者間で私の「天の声」のずっと以前に完了していたという証言が出てきた。「天の声」が二回あったことになる。

天の声を聞き、普段入札に全くタッチしない私が突然特定の業者の名前を挙げたのでびっくりしたと証言した土木部長は業者決定の後、私に一切報告をしていないのである。

主任弁護士の宗像先生は「気の抜けたビール」と評したが、この一連の談合の流れの中で私は役割として全く存在する必要がない。裁判の流れを追っていけば、実際に何が起こっていたのかは間接的にかなりはっきり透けて見える。

私が天の声を出したとされるずっと前に、既に受注業者指定の「天の声」は出ていた。検察が金と時間を際限なく使い調査しても、私に一銭も入った証拠も見つからない。代りに数百万円単位で幾度も出所不明の現金を繰り返し預金している関係者がいる。そしてそれを発見した検察にその出所の追及すらされることなく、「天の声を聞いた」という唯一の証人となった。

東京地裁の山口裁判長の訴訟指揮は理路整然としており、一貫して恣意的な調書とその証人の欺瞞を許さない小気味の良いものだった。

私は、裁判長は無理に作り上げられた事件の構図が十分わかっていたと感じた。既述のとおり法廷での証言、調書の矛盾を一通り聞いていれば、事実関係はほぼ明らかだからだ。

しかしながら、法廷での立証の蓄積を放り出すかのように、判決は有罪だった。

高裁の判決もその延長線上にある。

収賄額0円の認定、収賄事件として追徴金なしの有罪判決。これは前代未聞で、あまりに無理がある。弁護団は、土木部長が私から「天の声」を聞いたとされる唯一の日に物理的・手続的にそれが起こることはほぼ不可能であることを幾重にも条件を掲げ見事な実証を行った。推理小説ならそのまま終幕になるほどの明快さだったが「なかった」ことの証明にはなりえない、という判断だった。「悪魔の証明」と呼ばれる所以だ。

正義を守る最後の砦、特捜検察の無謬性を信じ守らなければならない、という強い箍にひびが入り、無罪の判決を書く理由を裁判官に与えるには検察による「証拠の捏造」という明白な犯罪が露見する程度の捜査の破格が必要だったのだ。

「実質無罪」と声をかけてくる記者もいた。この奇妙な判決は、有罪でも実質的に不利益がないように配慮したから、検察にも花を持たせてここら辺を落としどころに手を打ちましょう、という判断だったのだろう。

その後、数年の刑事裁判で経済的に完全に疲弊した私に福島県は「有罪」を理由に退職金の返還を求め、数千万円返還しているので、実際は「不利益がない」どころの騒ぎではない。

事件の後、司法関連のニュースを注視していると、冤罪とされる事件で弁護団が感嘆するほどの実証的検証を行い「事実は異なるのだ」と証明しても「なかったとまでは言えない」というロジックで、あるいはその検証にはあえて触れずに退ける裁判所の判断を一度ならず見た。

ここで裁判所が守っているのは「裁判所の判断の無謬性」、そして長年にわたってそれが依拠してきた「正義の検察の無謬性」という双頭の幻想である。それが崩れることは司法秩序の崩壊だと思い込んでいる。目の前に提示された事実、証拠・証言がその幻想と相容れない場合、耐えうる限り目を逸らしているようだ。

私は知事時代、原発問題をはじめとして常に中央の官僚と対峙するなかでその動きを政治家の立場からつぶさに見てきた。官僚の行動原理は自己保身と組織防衛である。私はブルドーザーのように、という言葉をよく使ったが、いったん方向が決まったら流れを止めることは、組織内での死を意味する。ブレーキがない推進力ということだ。個々の役人は面倒な問題には波風を立てず異動を待ち、いったん離れれば帰結の責任はとらない。検察官、判事も全く同じ原理で動いている。

原発は事故があって以来、安全性や事故原因の再検証が進むどころか、五年を経て「必要だから安全」の時代に無反省に回帰しているようにおもう。同様に郵政不正事件から、一時の批判を経て検察組織は変わったか。取調べの可視化はどれほど進んだのか。そして明らかになる冤罪に「裁判官は弁明せず」は都合のいい隠れ蓑ではないのか。猛烈な嵐が吹き荒れてもじっとそれが過ぎ去るのを待ち、クマムシのようにそのまま生き返る生命力には驚嘆せざるを得ない。志をもって組織の方向を転回させて討ち死にする気概を持った官僚はいないのか。

佐藤栄佐久（さとう えいさく） 一九三九年生。元福島県知事。『知事抹殺』（平凡社、二〇〇九年）、『日本劣化の正体』（ビジネス社、二〇一五年）ほか。

被告人席に座らされて

山田悦子

歴史は、人間についての物語である。と、アメリカの歴史学者のサムエル・エリオット・モリソンは述べています。冤罪は、刑事裁判を舞台とした、日本司法史の物語です。物語のひとつ「甲山事件」が、舞台に幕を降ろしたのは、開幕から二一年目の、一九九九年のことでした。物語の主人公であった私は、その年月を舞台で過ごします。

日本の司法権と対峙してあった、細胞が凍てつくほどの苦渋に満ちた年月は、本来であるならば、保育士と幼稚園教諭の資格を有す私にとって、有する資格で生計を立て、一市民として社会で普通に暮らす時間になるはずでした。しかし、日本の司法権は、そんな当たり前の生き方を、私に許さなかったのです。

甲山事件の冤罪事件としての特性は、一次逮捕(釈放・不起訴)と二次逮捕(起訴)の二重構造にあります。特異性の原因は、一次逮捕の釈放後に私が間もなく起こした、国家賠償訴訟にありました。冤罪事件の一般的な国家賠償は、不起訴後や無罪確定後に提訴されますが、甲山事件の場合は、不起訴の出ていない段階での提訴でした。釈放されたものの、処分保留という灰色状態に置かれた私は、国家賠償訴訟という民事裁判を通じ、自分の手で無実を明らかにしたいと考えたのです。

しかし、国家の意志でもある司法権の判断を待たずに、また、捜査が終了した訳でもないなかで、国家の責任を追及する行為は、日本の統治原理思想（国家精神）である「国家無答責」に抵触することになります。民事裁判途中、不起訴となりましたが、統治原理思想に抵触した罪は許されず、その断罪を目的に行なわれたのが、再逮捕でした。この意味からして、裁判の二一年の長さは、日本国家が私に科した刑罰だったのです。

児童福祉施設・甲山学園で起きた二名の子供の死亡は、子供のあいだで起こったもので、そもそも殺人事件になるようなものではありませんでした。それを警察が職員による殺人事件と断定したことで、冤罪甲山事件が生まれます。幸いな事に、フェアな検察官が一次逮捕の取調べを行なったので、警察が取った虚偽自白をなぞり上乗せするような、日本の司法官が往々にして取る行為もなく、検察独自の事件検証が行なわれ、不起訴となります。しかし、警察の捜査・逮捕を否定したこの決定は、警察には容認し難いものでした。不起訴が出るや、すかさず遺族に働き掛け、検察審査会に不服申し立てをさせます。警察がお膳立てた証拠は、思惑通り、検察審査会から、「不起訴不当」の議決を引き出します。そして、神戸地検は、「国家無答責」の廉で私を罰するため、検察審査会の議決をもとに行なう再捜査を装い、目撃証言をはじめとする有罪証拠を一年三カ月掛けて作り出し、甲山事件の裁判化を図ったのでした。

神戸地検の検察官は、「検察官同一体の原則」を破り、不起訴になった事件を蒸し返します。何故、日本の検察官に、このような法の正義に反する行為が、許されるのでしょうか。国家権力の保持者である検察官は、独任制の官庁として存在し、国家意志を体現できる権能を有しています。神戸地検の検察官は、不起訴という、司法権の意志決定の無い処分に対して行なった国家賠償請求について、これを日本の国家意志である「国家無答責」

に反する行為と断じ、その断罪を甲山事件の裁判化に求めたのでした。断罪の凄まじさは、完全無罪に対する控訴が繰り返され、三度目の完全無罪判決を経てようやく、被告人席から私を解放したことに表れています。

日本司法のこの非人間的な行為は、特高が跋扈した戦前の時代のものでなく、日本国憲法のもとにある戦後の時代のものでした。無実の人間に行なわれた甲山事件裁判という人間の正義に反した司法行為は、日本国家の非人間性を具現化するものです。

人権尊重の日本国憲法が人口に膾炙されながら、冤罪が反省されず果てしなく作り出される原因は、日本の統治原理思想の「国家無答責」にあります。一国の統治原理思想は、国家の精神基盤として、また、国民社会の精神の土壌です。故に、日本の統治原理思想は、侵犯不可能な排他的思想として、国家と国民の存在を規定します。人間の精神が無から有を生むように、日本の国家精神・国家無答責は、冤罪という法の徒花を、司法に、ぱっぱっぱっぱと、咲かせています。甲山事件は、日本司法に咲く、最大級の徒花と言えます。

福島原発事故に対する責任が問われないままの再稼動も、日本の統治原理思想が経済分野に咲かせる、徒花現象です。「人間の尊厳」が統治原理思想であるドイツは、「フクシマ」を受け、人間の未来を考え、原発からの脱却を決定します。統治原理思想は、国家の三権を縛るものです。「人間の尊厳」に縛られてあるドイツの司法改革がどのようなものであったかは、『人間の尊厳と司法権――西ドイツ司法改革に学ぶ』(木佐茂男著、日本評論社、一九九〇年)に、詳しく語られています。

日本の統治原理思想のもとにある今次の司法改革が、どのようなものであったかは、平成一三年に司法改革審議会が、二一世紀の日本を支える司法制度として政府に提出した、『司法制度改革審議会意見書』から理解することができます。そこに示された刑事司法制度の改革は、刑事司法の理念「無罪の推定」の提示もなければ、繰り返される冤罪に対する忸怩もなく、冤罪の温床として国際的にも批判が続く、明治時代から維持する旧態然とした、「代用監獄制度」に基づく取調べの廃止も謳ってない、法の進歩とかけ離れたものでした。とは述べてみたものの、「無罪の推定」が海外諸国のように、憲法に規定されているわけでもなく、まして、「国家無答責」を国家の理念とする日本国家に、果たして、まともな意見が通用するのであろうかという、疑問が残ります。

人間の国家における統治理念は、いたってシンプルで、人間を大切にする、これに尽きます。人間を大切にする、この国家精神は、より良い国家を作り上げていくための、原動力であり、出発であり、収斂としてあります。人間を大切にする、換言すれば、人間の尊厳の遵守となります。一国の人権思想は、刑事司法に鋭く反映されます。人間を大切にする、この観念の存在なくして、人権思想の獲得構築は不可能です。冷たい体験をした私たち冤罪者は、他の人たちが同じ目に会わないよう、暖かな司法を作って欲しいと、訴え続けているのですが、日本国家は、馬耳東風です。

「自白」は、冤罪事件の有罪に多大な貢献を行なっています。有罪率、九九・九%は、その証明になっています。虚偽自白は、「代用監獄制度」に基づく取調べが生みます。近代司法は、逮捕され被疑者になった人間を、警察に勾留せず、別管轄の施設で勾留し取り調べることを原則としています。この原則は、刑事司法の理念「無罪の推定」を実現創造するための、不可欠な取調べ方法です。しかし、西洋法の摂取採用を行なう日本は、西洋法が有する人権思想を法から除去し、治安を目的とする司法運営を行なっています。見直しが課題とされていた、被疑者の二四時間を警察が掌握し行なう、「代用監獄制度」に基づく取調べは、法整備が行なわれ、動かし難いものになります。

警察に逮捕・連行された人間に対し、最初に行なわれるのが、身ぐるみ剝がされた、全裸のボディーチェックです。性器・肛門の穴まで調べられます。ナチスドイツが収容所でユダヤ人に行なった扱いを想起させる、この非人道的な司法行為も、先進国であるはずの日本は容認しています。「おもてなし」の笑顔の裏に隠れる日本の精神性はなんとも残酷です。人間の自由が警察に包囲された、ディンジャラスな日本の取調べ環境は、無実の人間から客観的思考力を奪い、権力への迎合心を生みだし、日本の冤罪文化をこれからも大いに育むことになります。そして、何よりも、人間の存在に対する畏怖なき、この劣悪な取調べ環境は、人間の司法としてあるはずの日本司法を、蝕み続けて行きます。「同情するなら、制度を変えろ！」と、叫びたいところですが、何の力もない私たち冤罪者の声は、社会の藻屑となって消え行くばかりです。

帝銀事件の救援に人生を捧げられた作家の森川哲郎氏は、日本司法における冤罪の原因と改革について、「捜査の方法と質、検察官の思想と方法、裁判官の考え方と性格に深く関係している。彼らが公務員と官僚で、保身と立身出世主義、派閥の狭い枠内で生きる人間に、捜査から判決まで独占されている」「誤った死刑執行をおさえるためにも費用をバックにし、弁護士は自費で対抗しなければならないという矛盾」「検察側は、莫大な国家死刑を廃止」「官僚たちの民主思想の再訓練、別件逮捕の規制、人権擁護局の独立、再審制度の改正、恩赦審議機関の完全独立」などを指摘しています。そして、「国民のほとんどは、いまだに天皇時代に培われ、全体主義時代に養われた古い思想、意識、習慣等を自らの骨髄に奥深くからみつかせている。検察官や裁判官が過ちをするわけがないと、単純に神聖視して考えたり、あるいは警察に入っただけで恐怖をおぼえたり、検事の前では、無意識のうちに迎合するような証言をしてしまったりする、権力に対する国民の隷属意識を払拭し、国民自らの意識の中に人権を確立し、民主主義を深く把握し成長させていくことがなければ、誤判と冤罪の病根を断ち切ることは不可能だ」と、冤罪根絶に向けた何よりも重要で根源的な指摘を行なっています。

森川哲郎氏の鋭い分析と深い思弁による指摘は、福島原発事故の放射能汚染を抱えながら戦前にリバージョンするような、日本の絶望的国家体制の現在に、ひとつの勇気と希望を与えます。私自身、自らの体験を糧として、自らに人権を確立し、民主主義を深く把握し、自分を高め、日本という絶望の淵を、時間が許す限り、朴忠のなかに歩んで行くことにします。

山田悦子(やまだ えつこ) 甲山事件冤罪被害者。『甲山事件 えん罪のつくられ方』(共編著、現代人文社、二〇〇八年)。

犯罪被害に巻き込まれた立場から考える

片山徒有

Ⅰ　はじめに

刑事司法について、普通の市民生活を送る中であまり緊迫感を持って考えることはないと思う。刑事司法手続とは国が国の定めた法制度によって違法行為をした人を取り締まり、刑事罰を下すといったことを意味すると考えるわけだが、大多数の市民はそのような経験がない。テレビや新聞などで事件や事故、あるいは大規模災害の報道に接し、国がきちんと対策を取れば被害者が出ずに済んだのではないか、あるいは被害者の心情を思い至ればそれにふさわしい厳しい処罰は当然だと考えるようになる。

もしかすると私も自分の家族が犯罪被害に巻き込まれて命がなくなるような経験がなかったら、そういった方々と同様に何となく今の平和な生活が安全な国によって守られていると無条件に信じた一人だったかもしれない。

Ⅱ　刑事司法との関わり

一九九七年一一月、普通の朝だった。「行ってきます」といって息子は家を出て普通の通学路を通って小学校に向かおうとしていた。

小学校二年生とはいえ既に一年半ほど一人で小学校までの二キロ近い距離を毎日元気で通っていたので通い慣れた道であった。

家の近くに片側一車線のバスが通る幹線道路がある。そこを渡って学校へと向かうわけだが、その日もいつものように交差点にある歩行者用信号機が青になるのを待って横断歩道を渡りだした。

その数秒後に彼は絶命するのだが、その時に信頼していたはずの国が定めた交通規則や安全運転に気遣うはずの大型車両の運転手が、前を良く見ていなかったことなどについて考える余裕はなかったように思う。

人が亡くなるときにそれまでの人生が走馬燈の様に駆け巡ると言われているが果たして本当だろうか。誰に尋ねてもわからないが刑事司法の手続きの中で彼の人生の終わり方が話し合われ、多くの方が悲しみに心を打たれ涙したことは改めて記しておきたい。

私たち家族に遺されたものは冷たくなった遺体だけであった。

遺族と呼ばれる人たちは一般的に直接犯罪によって被害を受けたわけではない。家族が命を奪われるような被害を受けた関係者という位置づけである。

息子の痛みや悲しみを推測するだけしかできない関わりになって生ずる多くの手続きや決まりごとは未経験の

連続だったが、それはまだ入口に過ぎなかった。

お別れの式典などが済むと交通事故が起きてしまった原因が知りたくなった。地域では噂が飛び交い、息子が信号を無視して車道に飛び出したことになっているという話も伝わって来た。所轄警察署は公判の前には証拠を明らかにしてはならないという刑事訴訟法四七条の規定を理由に被害者遺族に対して一切の説明を拒んだ。

その代わりに求められたのは、遺族感情の確認であった。運転手に処罰を望むのか、望むとすればどういった内容か、損害賠償は受けたかなど、後々刑事裁判で使用されるであろう項目について詳細な答えを求められた。交通事故の原因を聴きに行ったはずが一三時間も延々と質問を繰り返されたのは驚きであったが、これが当時の被害者対応としてそれほど特殊な事例ではなかったということであった。

結局、公判が開かれたら本当のことがわかると教えられてその日は何もわからないまま家に戻ることにした。実はその時まで刑事手続と運転免許証が取り消しになるなどの行政処分の違いもあまり良くわからなかった。今でもそういった人が多くいると思われる。

刑事手続とは別に、運転免許証が取り消しになる可能性がある場合には「意見の聴取」という手続きがあって公安委員会で裁判のようなものが行われる。刑事裁判とは異なり、割と定型的に処分が決まるので弁護士も付けることなく比較的ノーガードで加害者となったドライバーが事故の様子を語るのだが、このような手続きはもっと注目されても良いと思う。

半月ほど経った頃、私は呼び出しを受ける前に待ちきれずに東京地検に向かった。公判の日を聞くためである。その日がいつなのか待ちきれずに向かったわけだが、出てきた検察庁の職員は非常に強い態度で「処分は既に出ています。不起訴処分です」とだけ述べた。

その理由について尋ねると「被害者に答える義務はない」という言葉を繰り返し述べた。

刑事司法が密室で行われる手続きで間違いが起きたり不当に扱われる人が多く出ることを思いだし、いくつもの疑問が頭をよぎって行った。

私が所轄警察署で事情聴取を受けたのは事故から約四〇日後のことであった。ところが検察庁で受けた説明では事故後二〇日で不起訴処分の決定が出ていた。これは明らかに警察か検察のどちらかが間違いを犯しているに違いないと考えた。

一般的に見ればこの間のプロセスを検証するために、全ての記録を開示することや、関係者への聞き取りを行うことで捜査への信頼は増すことになると考えたわけだが、そういったことには誰も耳を貸してくれなかった。

仕方がないので再捜査を求めようと決めて自分達で事故の目撃者捜しを行うなどして自力でパズルのピースを集める作業を行っていき、事故の模様を理解しようと努力するしか本当のことを知る方法がなかった。

交通事故は当時年間で一万人ほどずつが死亡するという極めて被害者の多い犯罪形態であった。怪我をされた人も含めると一〇〇万人という途方もない人数となる。そのために交通事故くらいでは新聞記事にも載らないという都市伝説があるほど日常的に有り触れた事件であった。きっと、その中には私と同様、刑事手続の入口で困り果てている方も多いに違いないと考えるようになった。社会では顧客満足度が一定の評価基準になっている時代、事件や事故で被害を負った人の満足度を得なければ何も生まれないのではないかと考えた。少なくとも普通の企業では考えることができない長年の慣習が生んだ、くすんだ歴史が検察や警察にはあるとその時感じた。

Ⅲ　刑事司法を経験して

再捜査を求める署名活動は二四万人に達した。加害者を厳罰に処する意味ではなく、再び捜査を行い、どうして最初の不起訴処分に至ったのか明確にして欲しいと考えた。

結果として再起と言って一旦出した不起訴処分が取り消しになった。長い再捜査の結果、起訴されてやっと公判に至った。その後長い裁判の結果、有罪判決が出たことを区切りに息子の事件はようやく終わった。

その後「被害者等通知制度」を始めとして色々な被害者関連の立法が出来るに至り、大満足とは言えないまでも声を挙げて行った一定の成果があったと考えている。

最近の統計では交通事故での死亡者数は四〇〇〇人台にまで減って来たと言われている。その理由については諸説が入り乱れている。厳罰化の効果が大きいという人も多い、また啓発効果の方がより抑止に繋がっている、他に車両の安全対策が効果を上げているなど、少しずつ影響しあって死亡者数が減っているのだと考えている。

被害経験者として、同じような思いを誰にも味わって欲しくないという思いには変わりがないが、さらに効果的な方法はないものかずっと考えている。

Ⅳ　刑事司法の総まとめ

一般的な刑事司法のプロセスは公的な関わりで見ると、①警察、②検察、③裁判所、④矯正施設、⑤保護観察所といった様々な公的機関と関わる。

一般的に市民が関心を持つのは警察と裁判所での手続きであろう。

確かに冤罪の可能性を否定するような緻密な捜査は大切である。被害者支援などの国としての施策窓口が内閣府から警察庁に移ったこともあって関心が高い。

もとより市民生活が平和なのは警察が良い仕事をしているからだと考える人が多い。

しかしながら、被害経験者の中にも当事者目線よりも国の刑事司法プロセスの一員としての警察官に違和感を覚えたという人も少なくない。

起訴できそうな事案とそうでない事案を区別したりすることは現実にある。被害申告が必要な場合とそうでない場合では被害者の関わりが大きく異なることもある。

他に警察が被害者から少しでも情報を引き出したいとあらゆる方法を使って捜査を進めたいと感じたという感想も多い。こういった方法が行きすぎて何か問題が起きないと露見しないようなシステムは安全性の観点から見て少し怖いといった意見を聴くことも多かった。

そのような警察ではあるが、主に中学生、高校生を対象とした「命の教室」は評価が高い。いじめや虐待、場合によっては自殺といった問題と向かい合う子ども達に被害経験者が直接語りかける授業を警察が企画をして学校に呼びかけている。私も何校も伺っているが新聞報道を始めとした知識などとは別に犯罪や非行といった問題について対等の視点で考える機会を持てたのは大きなことと考えている。何かが起きてから慌てて被害者問題を考えるよりも、その前に大切なことについて心を寄せることが大切なのである。

ここ十数年、個人的には、刑事司法プロセスを被害者遺族として、あるいは外部協力者として考えるなかで多くの施設に関わって来た。自分の経験を活かした現場に配属されている職員に対する指導もそのひとつだが、もっとも大きな経験は矯正施設での関わりであった。

それまでは塀の内側に入ることも許されず、どういった生活をしているのか、教育は施されているのか、再犯防止の取り組みは完璧なのかといった関心が高かった。

二〇〇〇年頃からそれまで閉鎖的だった矯正施設が被害経験者の視点を取り入れた教育をはじめるようになった。それまでも所長の判断でそれぞれの施設ごとに被害者をゲストスピーカーとして招いて講話をするといった企画は各地で行われていたと聞いている。二〇〇〇年以降はそれを更に進めて網羅的に全ての施設で被害者問題について考える機会を与えようというものであった。元々矯正施設の教育に着目したのは再犯(再入所)の比率が当初予想していたよりも高かったことが理由だった。

犯罪を犯して裁判にかけられ、反省をして刑務所などの矯正施設に送られるところまでは報道で知ることができる。ところが、実際には平成二六年の犯罪白書では刑務所を満期釈放で出た人の実に六〇%以上の人が一〇年以内に再び刑務所に入所するという再入率が書かれていた。

もちろん仮釈放になった受刑者の再入所率は低いし、五年以内の再入所率はさらに低い。それでも二八%以上の人が何らかの理由で再入所することになっている。

当初、矯正施設で行っている教育の質を向上すれば再び刑務所に戻ってこないのではないかと考えた時期もあった。

今でもそのような意識は常に持ち続けているが、刑務所に一七施設、少年院も同じく一七施設に伺った経験から言えることは、それほど簡単なものではなかった。

犯罪はどうして起こるのかを詳しく考えてみると色々な要素が見えて来る。法律を守る意識の薄い人もいる、暴力行為を嫌うよりも賛美する人もいる。薬物依存が良くないと知りつつ何度も依存傾向から抜けられない人もいる。被害者を出してしまったので人生は終わりだと自尊心が著しく低い人もいる。

これらの事柄に向かい合い、「立ち直り」を目指すのが矯正施設の目標のひとつだと考える。

法務省では統計などから職業が安定すれば犯罪傾向は減るという見方をしていて、資格を取得できたり就労先を見つける方法を工夫したりすることも始めている。これもひとつの方法である。

しかしながら矯正施設で働いた対価の金額を見ると著しく低額なのに驚くことも多い。手元にある平成二六年の資料によると作業報奨金基準額は入所時、一〇等工でスタートするが時間あたり六円六〇銭である。最高の一等工となっても四七円七〇銭で留まる。これでは実際に受刑生活を終えて帰住地に戻るための交通費、社会復帰に必要なアパートを借りる費用、仕事がきまってから給料が支払われるまでの期間の生活費にも満たない金額しか貯まらないのではないかと推測する。

再犯の多くは悪質傾向が進んだ元犯罪者による犯行ばかりではなく、過去を反省し、あらたな再スタートを切ろうとしている者をも含んでいるとしたら、今一度厳罰化についてもより多くの人と知恵を寄せ合って行かなければならないと考えている。

刑事司法が悲しかった過去を関係者や社会全体が受け止める全体的な関わりを持つ場だとすれば、その目的は犯罪を再び犯させないことが目標ではない。

関わった全ての人が満足感を覚え、そして失われた時間や幸福感を取り戻すためのプロセスであろう。

Ⅴ　日本の刑事司法の問題

刑事司法が様々な要素を持った当事者の回復を目指し、被害者や地域社会の期待を背負っていることは言うまでもない。

しかしながらここに大きな問題が含まれている。死刑制度である。

死刑制度についての議論は様々な観点から多くの人が大きなテーマとして捉えている。

もちろん僅かでも冤罪の可能性がある以上、更に人の命を奪ってはいけないという理由は良くわかる。

犯罪によって被害者の命は失われても、新たな命を国家が奪うことで被害者が戻ってくるわけではない。むしろ悲しみや不安をこの先ずっとひとりで抱えて生きていかなければならないほど、社会内で被害者の置かれた孤独感は強い。当該事件の相手方と対話を進めて関係修復を促すことが全ての解決策とは言わないが、少なくとも国が強制的に関係を遮断して放置するといったことよりは間違い無く良い方法であろう。

そのためにはどういった方法があるのか考えている。

現行法の枠内でも死刑判決を受けた人に対して減刑をすることができる。韓国のように執行しないという方法もある。もちろんＥＵ加盟国のように死刑制度を廃止する方法もある。

かつてのように厳罰化の結果、犯罪者数が膨大に増えて刑務所も過剰収容が続いた時代とは変化が見えてきた。

少子化の影響もあるのであろうが、若年層が犯罪や非行に関わり矯正施設に送致される数が極端に減って来ているように見える。

社会にそれだけ犯罪傾向が薄くなった人が増えたせいか、それとも厳罰化の威嚇効果が効いているのかわからない。それでも確実に矯正施設に収容される人は減り続けている。平成二七年の犯罪白書によると刑務所の場合、平成一八年には八万一二五五人を記録したが毎年減少し、二六年末現在は六万四八六人となっている。

少年院に至ってはさらに減少が著しい。平成一二年(六〇五二人)をピークに減少傾向が続いており、二六年は二八七二人であった。これはどういったことを意味するか、単に犯罪や非行に関わった人が減ったので良かったと単純に喜ぶだけでなく、そのぶん収容者に手厚い教育や指導が行えるようになったチャンスだと思うべきなのである。

死刑確定者に対しても現在では教育が行われていないが、職員の質や人数から見ても充分に教育を行えるだけの環境は整っていると考えている。

そこで「被害者の視点を取り入れた教育」などを行うことで現実に自分が死と向かい合うように至った死刑確定者に対しても、立ち直りの機会を作ることが大切である。

その結果凶悪重大な事件を犯した収容者でも改善更生が明らかになるとすれば、矯正施設や収容者だけの問題にとどまらず、そもそも刑事裁判で下された結果の意義が問われることとなり、やがては刑事司法システム全体が良くなっていくものと考えている。

色々な変化は国や行政にとって好ましいことではないかもしれない。それでも、関わった人や被害を負った人にとっては重大な関心事である。今できることを先送りするのではなく、可能な範囲でやってみることが大切である。

日本には世界に誇れる裁判員制度が出来た。市民が職業裁判官と直接議論して有罪無罪を決めるプロセスに関われるようになったのだ。確かに被害者の辛い現状を直視しなければならない重責は大きい。しかし証拠の出し方などを工夫して裁判員、裁判官の負担を減らすことも可能になっていくと考える。柔軟な発想により、裁判官や裁判員が事件現場に行って確認することや地域の環境を知ることも可能となるだろう。

このように刑事司法手続がクリエイティブだと気付くことで犯罪に関わった人はもちろん、事件の後に捜査や刑事手続で関わった全ての人、矯正や保護の関係者そして被害者も含めて未来ある一歩に繋がる結果を生むと考えている。

片山徒有(かたやま　ただあり)　一九五六年生。「被害者と司法を考える会　あひる一会」代表。息子隼君を交通事故で失ったことを機に、犯罪被害者をめぐる問題に幅広くかかわっている。『隼までとどけ七通の手紙』(河出書房新社、一九九九年)、『犯罪被害者支援は何をめざすのか』(現代人文社、二〇〇三年)ほか。

性暴力（性犯罪）被害者と刑事司法

小林美佳

私は、性犯罪（強姦）事件の被害者です。

二〇〇〇年八月、会社帰りに道を尋ねられた私は、車に引きずりこまれ、強姦されました。生きていたいと願い、生きたまま解放されたものの、どうしたらよいのかわからず、直後に元恋人に付き添ってもらって警察に駆け込みましたが、事情聴取で、ほんの数時間前の出来ごとを正直にも話すことができず、犯人は捕まらないまま、七年後に検察庁からの「強姦未遂　被疑者不詳不起訴」という通知を受け取りました。

犯罪に巻き込まれた後の生き方なんて全く知らず、被害にあった直後から、このことは「言ってはいけないこと」だと思い、毎日を必死に生きていました。

そして二〇〇八年、ひょんなことから、『性犯罪被害にあうということ』という本を出す機会を得、それ以来、一万人を超える性暴力被害者たちとの出会いがいまも続いています。

言えない

理由はいまだにわかりませんが、性暴力の被害者にとって、その被害は「言えないもの」です。言わないという選択をしているひともいます。でもこれは、決して加害者を許したのではなく、打ち明けることのリスクのほうが大きいから、被害をひとりで抱えていくほうがまだいいという、苦渋の決断なのです。

言ってはいけないという、理由も正体もわからない大きな圧力を、被害者たちは被害にあった瞬間から感じ取っています。

この「言えない」という思い、

そしてまさか被害者が抱くであろうと周囲が想像しない「罪悪感」や「自責」は、性暴力の被害者たちにとって、とても重くのしかかります。

その結果、被害者たちは、「訴えない」という決断をします。

つまり、刑事手続きに乗れない被害者がとてもたくさんいるのです。

それならば、親告罪を非親告罪にすればいいのでは?というのが、近年、検討議論(二〇一五年一一月法制審議論、二〇一六年九月答申)されている、性犯罪に関する刑法の見直しなのだと思います。

このほか、厳罰化や性別や立場などについても見直しの検討がされるというニュースは、私がやりとりをしている性暴力当事者の友人たちにとっても朗報であったようです。

でも、それは、見直される条文の細かい内容に対する歓迎というよりも、これまでタブー視されていた性犯罪被害への関心が向けられたと捉えたからのようでした。

例えば、私がやりとりしてきた被害者たちには、

・兄弟からずっと性行為をされていることを誰にも話していない。

・複数の人にレイプされたけど、その場面を録画されている。絶対に誰にも知られたくない。見られたくない。

・外で知らない人に襲われた後、やっとの思いで帰宅して着替え、シャワーで体をきれいにしてから悩んだ挙句、被害届を出したけれど犯人が捕まらなかった。

・（被害を）なかったことにしたくて、被害時に着ていた服を燃やしてしまった。

・被害に気づいた親御さんが警察に届け、周囲に被害のことを知られて学校に通えなくなってしまった中学生

こんなひとたちがとてもたくさんいます。大半です。

彼らに、刑事司法は、かかわることができるのでしょうか。

ある被害者との出会い

私は、性暴力の被害当事者と出会い、メールや実際に会い、やりとりをする。そういう時間をとても大切にしています。

それは、私自身も被害後そうであった経験から、「言えない」思いと記憶をひとりで抱え、自分を責め、けがれたと感じ生活する時間がとても苦痛で、同じように生きているかもしれない当事者に会いたいと願い、出会えたときの安心をほかの当事者たちにも感じてほしい、そして私がその安心感を何度でも繰り返したい、という思いからです。

そんな出会いの中で、何度か、(表現はよくないかもしれませんが)復讐をしてしまったという被害当事者に出会ったことがあります。

彼らは、性的な暴力を受け、それから逃れるために相手に傷を負わせたことによって、加害者として、刑事手続きに乗っていました。

きっかけは、自分の性暴力被害です。

相手にケガをさせた理由を話さずに、ただ「憎たらしかったから」と罰を受け入れたひとや、自分の性暴力被害を警察に届けたけれど、加害者は裁かれることなく終わったことがきっかけだったひと、意を決して性暴力被害の話をした結果、「言い訳に聞こえる」と、話すことを封じられたひともいました。

自分が受けた被害の加害者は罰せられるどころか、社会的には、被害者として刑事手続きに乗る。そして自分は、加害者として裁かれる。

私が彼らに出会ったのは、性暴力被害者として、です。

初めてこんな方と出会ったとき、私は、「どうして」と悲しい気持ちになりました。

私は、さまざまな性暴力被害当事者たちの告白によって、たくさんの被害の現状と、被害にあったあとの選択があることを知ることができるようになりました。

刑事裁判の様子や手続きや現場の様子を教えてくれたのもまた、被害者たちでした。

刑事司法は、表に出てきた事件の加害者と社会のためのものなのかもしれないと考えさせられることもありました。

彼らとの出会いの中で、私は、刑事司法が被害者のためのものだとは思えずにいます。

加害者について

本のおかげか、講演などに、話す側として呼んでいただく機会も得るようになりました。

先日、都内での講演会の意見交換の際に、

「小林さんは、被害者の目線で話をしてくれた。それは大切なことだけど、加害者対応や予防を考えないと、性犯罪事件は、なくならない」というご意見をいただきました。

ここ数年、被害者支援とともに、加害者の処遇についても再考される流れがあるせいか、こんなご意見をいただくことが増えてきたような気がします。

でも残念ながら、私はそこまで考えも力も及ばずにいます。

被害者を支えることと加害者を罰することは、全くの別ものだと私は感じていますし、
私は、自分の加害者のことを思い出すことから、ずっと逃げています。

事件の記憶は鮮明に残っていますが、それを思い出すという作業は、私を一瞬で崩壊させてしまうくらいの力を持っています。

それが、強姦事件です。

それが、性犯罪です。性暴力です。

一六年以上が経ったいまでも、加害者に関することを思い出すことを、私の身体は、拒絶します。
記憶をたどろうとした瞬間に、先に体が拒否し、遮るように、
震えと、涙と、パニックをもたらします。

ひとが傷つく瞬間を生み出し、見ていたのは、加害者です。
その加害者のことを考え、思い出すことは、私にとって、
被害を、
自分に起きた屈辱的な行為を、
平穏を奪った行為を、

許し受け入れてしまうこと。

そんな気がしてならないのです。

これも、性暴力の被害者たちが言えない・言わない理由のひとつなのかもしれません。

まとめ

言えない・言わないという選択をしている被害者たちにとって、刑事司法の在り方は、直接的ではないにしても、外から被害者を支えてくれるものであってほしいと願っています。

刑事手続きに乗れないことや、乗らない・乗せない選択をしたことで、「自分は社会に対して正しいことをできなかったのでは」と自身を責めてしまう被害者たちが大勢います。

周囲のサポートを受けられたり、新たな被害者を生まないためにと覚悟をして、刑事手続きに進むことを決断する被害者もいます。

それでも、加害者が不起訴になったり、望んだ安心を得られない結果になることもあります。

言えない、言いにくい気持ちを押して自分自身を「証拠」として差し出す覚悟と決断は、決して簡単なことではありません。

どちらの選択にも関係なく、被害にあった人間がいるという事実は、変わりません。
刑事司法が、社会の犯罪や暴力をなくすための指針になるのであれば、
そこに必ず被害者がいるという事実を、その犠牲を、どうか軽んじないものであってほしいと願っています。

私たちは、社会をよくするために、被害にあったのではありません。

その指針が行き届かなかったから、私たちは被害にあってしまったのです。
その責任と反省をもって、刑事手続きを進めてほしい。

それが、私を含む、大勢の性暴力被害者の願いです。

※性犯罪と性暴力
「性犯罪」という表現が社会では一般的だと思いますが、被害者たちの中には、自分が受けている行為が犯罪であると認識すらできないひとや、被害届を出したり支援を受けるに至らない決断をした場合、それは犯罪ではないと感じているひとが多いです。性犯罪と表現することによってそういった被害者たちを振り落としてしまうかもしれない可能性を最小限にしたいため、「性暴力」という表現も使用しています。大差はありません。

小林美佳（こばやし みか） 大学卒業後、司法書士事務所に勤務していた二〇〇〇年八月、性犯罪被害に巻き込まれる。その経験を踏まえ、性犯罪被害当事者との交流活動をおこなっている。

II

刑事司法の現場から

日本における今後の刑事司法の在り方について

落合洋司

一　自分自身の体験してきた刑事司法

論じるに当たり、まず自分自身のことについて語るのをお許し願いたい。私は、昭和から平成へと年号が変わった一九八九(平成元)年に検事に任官し、一一年余り捜査・公判の現場に身を置き、その後、二〇〇〇(平成一二)年に弁護士に転じた。既に、検事としての勤務よりも弁護士に転じてからが長くなっているが、視点は、常に検事、弁護士の両面にあって、両方の視点、観点で事件を見ることが多い。見る上では、自らの体験、特に若かった当時の検事としての、検察庁における体験が思い出されることが多い。

検事に任官して、まずは先輩検事らから繰り返し教えられたのは、徹底した捜査の重要性であり、その中での供述調書(検察官調書)作成の重要性であった。被疑者、参考人から重要な供述を引き出す、そのための取調べの重要性が事あるごとに強調され、供述を引き出すだけでなく、供述調書に録取しておくことが不可欠であることも指導されていた。被疑者や参考人は、余人を交えない取調室では真実を語ることができても、罪を免れたいという気持ち、弁護人による入れ知恵(言葉は悪いが検察庁ではそういう語られ方をしていた)、様々な関係者への慮りや衆人が傍聴する公判での語りにくさ等から、捜査官の前での供述はなかなか維持できない。そうであるからこそ、刑事訴訟法三二一条により公判での供述不能や相反供述が生じた際に証拠能力が発生する検察官調書を濃い内容で録取しておく、そこが極めて重要なことであると徹底的に叩き込まれていた。そこで想定される供述調書は、供述者が供述する、ありのままを録取するというよりは、「あるべき」「録取すべき」供述を記録に残しておくというもので、後日、供述者から、そんなことは言っていないとか検事の作文であると不満が出てくる要素を必然的に内包していたと言っても過言ではない。

検察庁の決裁官にとって、若手検事の指導に当たっては、上記のような観点で証拠として十分に使える供述調書が作成できることが重視され、決裁やその前の事件相談では、決裁官が若手検事作成の供述調書を丹念に読み込み、不十分と判断した場合は細かく指摘して、供述調書を取り直させることも日常的に行われていた。あるがままの供述を調書化して、それが「あるべき」「録取すべき」供述ではないと、上司から、「言いなり調書」などと面罵、叱責されて取り直すよう指示されることも日常茶飯事であった。そのような場合、供述者にとっては、一旦作成した供述調書の内容が検察庁側に都合良く変更され、それに署名押印（指印）を求められることになり、疑問や不審を持たれることも日常茶飯事であったが、それよりも、後日に備えて十分なものと検察庁が考える供述調書を作成しておくことが最優先とされていた。

裁判所も、一般的には、警察捜査よりも検察捜査には、司法試験や司法研修所での教育を経た、裁判官と同質性のある法曹によるものとして一定の信頼感を持ち、公判で、検察官調書やその前提となる取調べの問題性が指摘されても、検察官調書を証拠採用しないことはまずなかった。検察捜査やそれに基づき描かれた事件の構図に沿って裁判所が事実認定を行うことが常態化し、そうであるからこそ、多少無理をしてでも検察庁が描いた構図に沿った検察官調書を作成しておくことが重要とされ、それができる検事（検察官）が優秀と評価されていた。

以上のような傾向は、いわゆる知能犯事件を担当する、東京地方検察庁特別捜査部に代表される一群の検事には特に顕著で、そういう検事になり活躍したいと考える若手検事は、批判的に検討することなくそのような在り方にどっぷりと浸りがちであった。

二　限界と破綻

しかし、上記のような手法は、私自身が任官した平成元年当時、既に大きく綻び始めていたと、振り返って思う。最大の問題は、あるべきと検察庁が考える供述、供述調書を獲得することが、かつてよりも困難になってきたことにあった。在宅の被疑者や参考人の出頭確保が困難であったり、出頭は確保できても供述を渋る、時には黙秘するといったケースも、平成に入り、徐々に増加していった。

上記の通り、元々、ありのままの供述を供述調書に録取するというより、こうあるべき、あるはずだという供述調書を作成したいと捜査側が考えることで、供述する側とは対立、緊張関係が生まれがちであるものが、ますます捜査側にとっては厳しい状況が噴出するようになってきた。しかし、中堅以上の幹部は、かつての、次々と供述をもぎ取って事件をまとめていった成功体験に基づいて事件を見ている。そこに無理が無理を生む土壌があったように思う。

よく平成初め以降の、バブル経済崩壊後の日本について、失われた一〇年、二〇年といったことが言われるが、平成に入ってからの二〇年程は、上記のような変化を踏まえ、刑事司法について大きな改革を行うべきであるにもかかわらず、従来の手法から踏み出せず失われた歳月であったのではないかと思う。日本社会やそこにおける人々の意識の変化(例えば権利意識の高まりや供述する、しないを自由とする考え方の強まり)、外国人の増加により同質性を基盤としつつ説得、納得により供述を求める手法が行き詰まってきたことなど、背景には様々な要因があると考えられるが、従来、「精密司法」などと礼賛されがちであった日本型刑事司法(その中核は検察官の役割、影響力が大きい「検察官司法」)について、先を見通し諸外国の制度で取り入れるべきは取り入れる、フットワークの良い改革を行わなかったツケが、その後、一気に噴出したという認識を、私は、自らの体験にも立脚しつつ持っている。

それが顕著に現れたのが、大阪地検特別捜査部における証拠改ざんに端を発した事件であり、供述偏重による様々な冤罪、無罪事件であったと言えよう。もちろん、それだけではない。

三　今後の流れや展望

以上、やや長くなりつつも私自身の体験を踏まえた経緯を述べてきたが、遅かったとはいえ、今が刑事司法改革の黎明期であり、今後、大きく改革すべき、その入口に立っていると言えるのではないかと思う。

今後の刑事司法についての私自身のイメージは、次のようなものである。まず、比較的軽微な事件については、大胆に捜査の省力化、裁判の簡易化、ダイバージョン(非犯罪化)を進め、捜査機関の限られた人的、物的資源を効率良く使用し、省力化された部分を、より重大、重要な事件へと振り向けていくことが必要だろう。簡易裁判所を、現状のように、交通事件以外では限定された犯罪への細々とした対応しか行わせないのではなく、組織や人員を大幅に拡充し、大都市や中堅都市においては、街頭での喧嘩等の現行犯逮捕案件のようなものには二四時間体制で簡易公判手続で対応でき、即決判決が宣告できるような制度も実施すべきであろう。こういった比較的軽微な案件に、現状の警察は大きな時間や労力を取られているものであり、調書作成等の手間を省き、被疑者や目撃者を直ちに簡易裁判所へ出頭させて即決で結論が出るケースを大きく増やすべきであろう（不服申立等の手続保障にも十分配慮する必要があるが）。判決宣告までのプロセスにあたっては刑罰にこだわらず、適宜、非犯罪化して行政的な措置に委ねるといったことも大胆に推し進める必要がある。

そういった対応ができない、一定以上の重さの犯罪については、従来のような精密司法の手法で臨むものと（殺人、放火等の捜査一課系の重大事件など）、司法取引や刑事免責を積極的に活用して、より責任の重い、複数犯であれば上位者を追及するなどの新たな捜査手法を活用するものとに切り分けていく必要があろう。従来は、一定以上の重さの犯罪は、逮捕、勾留して丹念に捜査を行うことが当然とされてきたが、それは、身柄拘束の期限があるが故に捜査機関に多大な負担をかけてきた側面がある。従来、身柄にするのが当然と考えられてきたものについても、例えば覚せい剤の自己使用事件のようなものは、検挙後、尿から覚せい剤成分が検出されたという正式鑑定が出るまでは制限住居で生活し、鑑定結果が出た後に任意の出頭があれば身柄不拘束のまま迅速な取調べの上で、執行猶予事案であれば即決裁判といった制度もあって良い。GPS端末も積極的に活用して、逮捕後、従来であれば一〇日、二〇日と勾留されていたような被疑者でも、合理的な行動制限を課して在宅捜査の対象にするということもあってしかるべきであろう。そうした、無理をせず合理的な捜査が進められることで、誤り、過誤ができる限り排除されることにもつながる。取調べに当たっては全面可視化を早期に実現し、違法・不当な取調べを防止するとともに、後日、取調べ経過が容易に振り返られるようにすべきだろう。従来、特に捜査段階でとかく軽視されがちであった弁護権も大幅に拡充し、捜査に対して弁護権を実質的にも対抗できる存在にすることで、真相解明や捜査側の誤認を防止する役割をより持たせる必要がある。弁護人は捜査の妨げ、被疑者や関係者に入れ知恵する悪い奴といった、かつて私自身が日常的に感じていた検察庁的な見方は克服されなければならない。

監視社会化ということが危惧されているが、私は、供述にできるだけ依存しない刑事司法を実現するためには、客観証拠、物的証拠をより重視する方向に刑事司法が進む必要があり、そのためには、従来よりも社会の中で人の活動の履歴が残り必要に応じて利用できる、そういう仕組みがより発達せざるを得ないだろうと考えている。従来のプライバシー権は、プライバシー情報の取得を禁じることに重点を置いて考えられていたが、今後は、プライバシー情報の取得についてはより広く認める一方で、その利用や保存についてはより厳しい制約を設けて、プライバシーが全体として尊重されるように考えていく必要があろう。そういった仕組みが構築されることで、罪なき者が誤認され罪を負うことを回避し、真相が適切に解明される、そういう社会であり刑事司法であるという方向を目指すことが可能になる。従来のように、密室で長期間にわたり、取調官が被疑者をこってりと絞り上げて綿密な供述を得ていくという在り方から大きく転換する中で、供述以外の証拠を捜査機関がより取得しやすくすることも必要であり、そういった証拠を弁護人も、捜査機関とリアルタイムは無理でも、ちょっと遅れて利用でき弁護活動の資料とできる、そういう仕組みも検討すべきであろう。

四　おわりに

現在の日本の刑事司法が大きな転換点に立っていることは間違いないが、あるべき姿、進むべき方向性をできるだけ明確化し、それに沿った改革を行わないと、付け焼き刃のような小手先の手直しでは全体として有機的な制度として機能しなくなる恐れがある。

今後も活発な議論、検討が進められ、共通の認識として、あるべき姿、進むべき方向性が共有されるような状態になることを強く願うものである。

落合洋司（おちあい ようじ）　弁護士。元検察官、東海大学法科大学院特任教授。『サイバー法判例解説』（共著、商事法務、二〇〇三年）、『改正児童ポルノ禁止法を考える』（共著、日本評論社、二〇一四年）ほか。

諦める刑事司法

市川　寛

1　自己紹介

私は一九九三（平成五）年に検事任官し、横浜地方検察庁を振り出しに六カ所の地検で勤務した。

佐賀地方検察庁に在職中の二〇〇一（平成一三）年、佐賀市農業協同組合の組合長らを被疑者とした背任事件の独自捜査に主任検察官として従事した際、組合長の取調べ中に「ぶっ殺すぞ」などと暴言を吐いて虚偽自白を得た。二〇〇二（平成一四）年、この事件の公判に証人として出廷した際に組合長に対する暴言を証言したために自白調書の任意性が否定され、組合長は一審の佐賀地方裁判所、さらに控訴審の福岡高等裁判所において無罪（確定）となった。

二〇〇五（平成一七）年、検事を辞職し、二〇〇七（平成一九）年に弁護士登録した。

一二年余りの検事時代、特捜部に配属されたこともなければ、訟務局を含む法務省といった検察庁の外に出ることもなく、終始地検の現場で一般事件の捜査・公判に従事したことになる。

2 自白はなぜ必要なのか

(1) 犯罪の主観的事実の立証方法

冤罪の大きな原因は違法な取調べによる虚偽自白であり、これが明らかになるたびに捜査機関たる警察や検察庁の姿勢が問題とされ、当然のことながら違法な取調べをした者は厳しく非難される。だが、捜査機関はそれでもなお自白の獲得に努めている。なぜだろうか。

旧態依然とした組織の体質にも一因はあるだろうが、私は捜査機関、ひいては裁判所までもが自白を必要としているからではないかと考えている。

その大きな理由は、自白がなければ立証できないか、あるいは自白があれば容易に立証できる事実があるからだ。犯罪は原則として故意犯だが(刑法三八条一項)、故意(または犯意)を直接に立証できる証拠は自白である。自白以外の証拠によっても立証できなくはないが、犯人が語ることによって事案の真相(刑事訴訟法一条)が最も明らかになるはずだからだ。さらに、目的犯における目的、共犯事件における共謀といった主観的要件に加えて、犯罪の動機を立証するには自白によるのが最も有効なのである。

公判廷で検察官の冒頭陳述を聞いていると、犯罪の一部始終があたかも物語のごとくに披露されるのがわかるが、自白がある事件の場合、検察官が提示する事実の多くは自白によっている。自白以外の証拠によって示される事実もあるが、そうした事実の多くも自白によって肉付けされている。つまり、検察官が証拠によって証明しようとする事実の殆どは自白に支えられているのだ。

事件の発生時期と場所、犯行態様、被害状況は自白以外の客観的証拠でも立証できるし、むしろその方が望ましいだろう。だが、客観的証拠だけでは主要な事実を点として立証することはできても、点と点を結ぶ線まで立証するのは難しい。

あるコンビニエンスストアで強盗事件が起きたとしよう。現場での犯行態様や被害金額は防犯カメラの映像や被害者の供述で立証できる。これらがいわば「点」である。だが、犯行が企てられた時期・場所や犯行企図の理由、あるいは犯行の過程で犯人が移動した経路や移動の理由、犯行後の犯人の行動やその理由、強奪した金品の費消状況やその理由といった「点と点を結ぶ線」は客観的証拠だけによっては立証できない。

ここで、先に述べた「点」だけを立証すれば事案の真相が解明されたとしても格別問題は起きないはずだ。犯行態様と被害状況は犯罪の事実認定や量刑を行うための根幹部分だからである。しかし、刑事裁判の実情はそうではない。点と点を結ぶ線までが明らかにされなければ事案の真相が解明されたと認められない上、当該被告人の量刑を定める材料も不十分とされる。

(2) 動機の解明を求めることの危うさ

犯罪の真相を解明しようとするとき、とくに重視されるのは動機である。なぜ犯行に及んだのか、これを探求することに刑事裁判は尋常ならざる執念を燃やしている。

その探求の深度も並大抵ではない。どんな事情が発端となって犯行を企てたのか、犯行を企てた時点から実際に犯行に及ぶまでの心理の細やかな移ろい、さらには犯行後の反省悔悟の情を初めとする心理までもが証拠によって明らかにされなければならない。小説のような心理描写を伴う詳細な動機を立証するのが捜査機関に与えられた使命なのである。

繰り返すが、こうした事実を立証する証拠は、詳細な犯行メモなどがある特殊な事件を除けば自白しかない。

果たして、本当にこのような立証による事実認定が必要なのだろうか。

真相が解明されるに越したことはないが、刑事裁判はその程度を欲張りすぎてはいないだろうか。まして真相解明の手段が自白獲得となれば、刑事裁判はただ被疑者に依存したフィクションということにならないだろうか。

(3) 作文調書が生まれる過程

先に述べた「点と点を結ぶ線」たる自白はどんなに曲がりくねっていてもよいのではなく、合理的な心理を描写するものでなければならない。突拍子もない心理描写は犯人の責任能力に疑問を抱かせることもあれば、場合によっては「真犯人の心理としては不自然だ」として当該被告人の犯人性を否定される材料にもなる。捜査機関としては面白くない。

私は検事任官してほどなくこうした立証の実情を知り、「どうしてこれほどまでに細部にわたる事実を被疑者に供述させなければならないのか」という疑念を抱いた。被疑者を取り調べればわかるが、罪を犯した人の中には自らが行ったことの理由を饒舌に語る術を持たない人も散見される。ましてそれを「合理的」に説明するとなると、それ自体が大変な苦痛を強いることになりかねない。

自白調書は本来、被疑者が語った言葉をそのままに録取すべきものだ。だが、被疑者が「合理的」な自白を語れないとき、捜査機関はどうすればいいのか。ここに作文調書が生まれる素地がある。被疑者の言うままに録取した自白調書は、その後の公判で「合理的でない」として排斥され、最悪の場合は無罪判決を導いてしまう。これを回避するために、取調べでは「そのときはこういう気持ちだったのではないのか」といった誘導尋問が行われ、あるいは「今の発言はこういう言葉で調書にとってもいいか」といった作文がなされる。こうした捜査が常態化することで捜査機関は作文調書を録取する技術を磨き、それが虚偽自白を生み出す源となる。

私はけっして捜査機関を弁護しようとするのではない。単に捜査機関の立場になって自白が必要な理由を述べたまでである。捜査機関が自白を欲するのは被疑者を虐待したいがためではない。刑事裁判の実情として自白が必要とされているからである。それも被疑者が語ったままの自白でなく、「合理的」な自白である。いつの間にか刑事裁判から生身の人間を直視する態度が失われたために、こうした病理が蔓延しているのではないだろうか。

（4） 自白を求めているのは捜査機関だけではない

自白を必要とするのは無罪を回避したい捜査機関の思惑によるところが大きいが、それだけではない。裁判所も自白を欲している。

検事時代に未必の故意を自白調書に録取することに懐疑的だったので、ある任地で裁判官に「未必の故意は調書に必要ですか」と尋ねたことがある。裁判官は否定しなかった。また、捜査段階で自白し、公判で否認に転じた被告人に対する有罪判決の理由を読むと、ほぼ間違いなく自白を有罪の証拠として挙げている。自白があるから安心して有罪と認定できるのだろう。

裁判官の心理として理解できるが、自白を獲得するのは捜査機関である。誰に対して、どのようなレベルの自白を求めているのかを十分に意識しないと、裁判官も間接的に冤罪作りに荷担することになりかねない。

さらに、刑事裁判が「合理的」な自白、なかでも合理的な動機を求めるのはけっして捜査機関や法律家の独善のみに由来するのではない。少なからぬ市民が刑事裁判に求めているのだ。

犯罪報道を見聞きしていると、「動機の解明が待たれる」という趣旨の言葉に溢れているのがわかる。むろん、とくに被害者の立場になれば理解できなくはないが、動機の解明に固執すると、捜査機関に合理的かつ詳細な自白獲得という無理を強いる結果になりかねないと意識されるべきだろう。「なぜ」は自白がなければわからないのだ。こうした警鐘が鳴らされるのが稀であることを憂慮している。

刑事裁判の終着駅となる裁判所は、過度な自白を求める市民の期待に応えようとするのではなく、ときにはこうした風潮に抵抗する裁判を実施しなければ、世論を隠れ蓑にした違法捜査を根絶することはできないだろう。

3 虚偽自白の防止策――諦める刑事司法

犯意はもちろん、目的、共謀あるいは動機の解明が求められるのは日本に限ったことではあるまい。では、外国の刑事裁判ではこうした事実はどのようにして認定されているのだろうか。検事時代から抱いている疑問だが、私の調査が不十分なためだろう、こうした視点から外国の実情を伝える研究を見つけるのに苦労している。自分でもこの視点で研究したいと思っている。

日本とは比べものにならないほどの短時間で被疑者取調べを行いながら、外国がどうやって犯罪の主観的要件を認定しているのかを知ることができれば、それを取り入れることで無理な被疑者取調べを回避できるはずだろう。

一つ予測できるのは、外国は小説のようなレベルで犯人の心理の移ろいを解明しようとはしていないのではないか、ということだ。「なぜ」に固執しなければ捜査機関は客観的証拠の収集に軸足を定めるだろう。先に述べたように、犯行態様と被害状況だけを立証すれば有罪にできるのなら自白はいらない。自白がいらなければ被疑者を取り調べる必要もない。そもそも被疑者を取り調べなければ虚偽自白を生み出すこともなくなるはずだ。

このように、刑事裁判でどのような事実認定と証拠が求められているのかによって捜査機関の使命が決まる。

換言すれば、犯罪の主観的要件や詳細な動機の解明を諦めることが虚偽自白、ひいては冤罪を防止することにつながるのではないか。

もちろん、「なぜ」を知りたい被害者や市民の期待を踏みにじることになるのだから、これは一朝一夕に実現しないだろうし、そもそも「なぜ」を解明しない刑事司法が市民から支持されるのかが疑問である。だが、有罪を求めて「なぜ」の直接証拠たる自白を欲しがる捜査機関の姿勢や、そもそも「なぜ」を解明できなければ有罪にならない刑事司法の姿勢を改めさせる方策が試みられてもよいのではないだろうか。

なぜ犯罪が起きるのか、その原因を探ることが犯罪予防に役立つのは言うまでもない。被疑者の取調べをしない捜査機関の怠慢を許すのは大きな抵抗があると思う。しかし、例えば客観的証拠によって有罪と認定された後に、専ら医学的・心理学的な見地から当該犯人にインタビューを行い、その結果得られた供述を将来の犯罪予防のためだけに資料として残すというやり方もあり得るだろう。もちろん、このインタビューでは有罪獲得を求めての誘導尋問や作文はいらない。犯人が語るままの供述こそが本当の資料になるのだから。

冤罪を生む刑事司法は存在意義がないと言ってもけっして過言ではあるまい。いかにして冤罪をなくすかを考えると、その大きな原因である虚偽自白をなくすのが一つの足がかりになるはずだ。捜査機関に虚偽自白を獲得させないためには、そもそもなぜ自白を欲しがるのかを捜査機関の立場から探った上で、自白を必要としない事実認定の仕組みを模索するのもあながち間違いではないと思う。こう考えて、「刑事司法は真相の解明を諦めろ」と敢えて提唱する次第である。

市川 寛（いちかわ ひろし） 一九六五年生。弁護士。元検事。『検事失格』（新潮文庫、毎日新聞社）。

近頃の裁判官の令状審査

寺西和史

1　はじめに

私は、今日まで二三年余りの裁判官生活を主に民事畑で過ごしており、刑事訴訟の担当は比較的少なかった。地裁なら民事部にいても、たまに当番で令状審査をすることがあるが、二〇一六年四月に大阪高裁(民事部)に転勤になってからは、全く刑事裁判に関与していない。「刑事司法の現場から」ではなく、「刑事司法の現場から離れて」といったところである。四月の転勤前までたまに行っていた令状審査について書かせていただく。

2　最近の令状審査の変化

二〇一四年六月一四日、朝日新聞デジタル配信のニュースで、さいたま地裁の勾留請求却下率が急増していることが報じられた。二〇〇九年から二〇一二年までは年間却下率が一%台であったのが、二〇一三年秋から急増し、二〇一三年一〇月から二〇一四年四月の七カ月については五・四九%〜一一・一一%で推移し、平均が八・一一%だったとのことである。二〇一三年の全国平均が三・九〇%であるとのことである(注・最高裁判所事務総局の司法統計年報の数値で計算すると、約三・九〇%は地裁での却下率であり、簡裁を含めた全体の却下率は約二・〇%である)。

「勾留のあり方をめぐる若手裁判官達の勉強会が、地裁内で活発になっていることが背景にあるという」と報じられていた。

月間最高の却下率である一一・一一%でも九件に一件しか却下しないのであるから、一般読者からすれば、こんなのを高い却下率ということ自体が驚きであるかもしれない。しかし、私が朝日新聞投書(一九九七年一〇月二日声欄「信頼できない盗聴令状審査」)で「令状に関しては、ほとんど、検察官、警察官の言いなりに発付されているというのが現実だ。それを、検察官、警察官の令状請求自体が適切に行われている結果だと言う人もいる。しかし、現行法上は盗聴捜査を認める令状は存在せず、盗聴捜査は違法であるというのが、刑事訴訟法学者の圧倒的多数説であるにもかかわらず、電話盗聴を認める検証許可状が発付され、それが複数の地裁、高裁の判決で合憲・合法だと言い放たれている現実をみると、とてもそうだとは思えないのである」などと書いた当時(その前年の一九九六年)の令状請求却下率は全体で約〇・一一%、勾留請求却下率は約〇・三一%(地裁だけだと約〇・五一%)であったから、さいたま地裁の八・一一%の勾留請求却下率は一九九六年の二六倍以上(地裁比較で一五倍以上)、二〇一三年の全国平均の三・九%でも一二倍以上(地裁比較で七倍以上)ということになる。二〇〇九年から二〇一二年の年間却下率一%台ですら、一九九六年に比べれば三倍以上(地裁比較で二倍以上)である。

私は、前記の投書について、鬼頭季郎旭川地裁所長(当時)から「これは、令状裁判事務に携わる裁判官が適正に審査の職務を果たしていないと非難し、裁判官は信頼に値しないと論じるものであり、裁判官の令状事務の実態に反してこれを誹謗、中傷するものである」などとして注意処分を受けた。

あれから約一九年。あの注意処分は誤りであったというような話は裁判所当局から伺っていないので、当時の令状審査は適正に行われていたというのは、現在でも裁判所当局の見解なのであろうか。

約〇・一二％の令状請求却下率、約〇・三一％の勾留請求却下率であった当時の令状審査が適正であった（すなわち、約九九・九％の令状請求、約九九・七％の勾留請求が適正であった）とすれば、約三・九％の勾留請求却下率の二〇一三年の地裁の令状審査、約八・一一％の勾留請求却下率のさいたま地裁の令状審査をどう評価すべきであろうか。

近頃の裁判官、殊にさいたま地裁の裁判官が勾留請求を無闇に却下し過ぎているのか、それとも、検察官の不適正な勾留請求が激増したのか？

私は、二〇〇五年四月から二〇一二年三月までの七年間、捜査段階の勾留請求の裁判を担当しておらず、二〇一二年四月に神戸地裁に転勤になって、久しぶりに休日（土日祝日）の令状当番で勾留請求を扱うようになった。もっとも、勾留請求の当番は年に三回程度だったので、担当した勾留請求の件数自体が余り多くない。日記で振り返ると、神戸地裁の四年間の中盤から後半の二〇一四年から二〇一六年三月までに当番が七回あり、勾留請求三四件中一八件を却下したようである（他に勾留に代わる観護措置請求が一件あり、却下）。そのうち、準抗告が棄却されたのが一件、準抗告がなかったのが少なくとも五件はあったようである。そうすると、却下決定が維持されたものだけでも、却下率が約一七・六％ということになる。ということは、不適正な勾留請求が増加しているということなのかもしれない。まあ、そういう結論にしておく方が、裁判所当局からの注意処分等のネタにならなくてよかろう。実際、検察官の劣化があるのかと思わせる、ごく軽微な事件での勾留請求が目立つように思われる。ある当番の日に、七件の勾留請求のうち四件を却下し、二件は準抗告で取り消されて勾留が認められてしまったが、二件は準抗告もなかったことがある。準抗告がなかったのは、携帯電話によるスカート内の盗撮の、警察官による現行犯逮捕の事案と、女性被疑者による六百数十円相当の商品の万引きの、店員による現行犯逮捕の事案である。いずれも、罪証隠滅や逃亡のおそれがあるとは思えない事案である。

3　逮捕状請求の審査は適正か

元裁判官の瀬木比呂志氏は、『絶望の裁判所』(講談社現代新書、二〇一四年)で「日本の裁判官の令状処理で一番問題があるのは勾留状である。逮捕状についてはまずまずきちんとした審査が行われていると思うが、勾留状については、勾留の必要性に関する審査がおざなりであり、在宅で捜査を行えば十分であると思われる微罪についてまで、ほとんどフリーパスで勾留が行われてしまう」(一四五～一四六頁)と述べている。「ほとんどフリーパスで勾留が行われてしまう」という部分は、現職裁判官の時代の著書であれば、注意処分の対象になったかもしれない。私の投書の問題とされた部分と同様の記載である。ともかく、勾留請求の審査について、瀬木氏は裁判官の審査が非常に甘いと考えているようである。他方、それとは対照的に、逮捕状請求の審査については「まずまずきちんとした審査が行われていると思う」といった甘い評価をしている。『絶望の裁判所』における瀬木氏の裁判所、裁判官に対する全体としての厳しい見方の中で、逮捕状請求の審査についてだけ突出して甘い評価になっている。あれだけ裁判官に厳しい元裁判官の瀬木氏が言うのだから、逮捕状請求の審査はまずまず適正に行われているのであろうと一般読者が思ったとしても不思議はないと思われる。

しかし、実際には、勾留請求の却下率と同様、逮捕状請求の却下率も極めて低いのである(一九九六年の警察官請求の通常逮捕状の却下は件数にして二三件、率にして約〇・〇二%である。請求取下数三五八件を却下とみても約〇・四〇%である。二〇一五年も、逮捕状の発付数一〇万八八〇件に対し、却下数は六二件で、却下率は約〇・〇六%である。取下げ一三七三件を却下とみても、却下率は約一・四%に過ぎない)。勾留請求の審査の甘さを批判する瀬木氏が、「逮捕状についてはまずまずきちんとした審査が行われていると思う」とする理由が分からない。

ところで、令状当番をして不思議に思うのが、軽微な犯罪での緊急逮捕の多さである。

緊急逮捕に関し、鈴木茂嗣博士は「憲法は、令状逮捕と現行犯逮捕の二類型しか認めておらず、緊急逮捕は違憲だとする見解も有力である。……社会治安上の必要性から重大犯罪についてやむをえず認められる一種の緊急行為として合憲性を基礎づけるほかないであろう。しかし、そのためには、犯罪の重大性などについてもっと厳格な絞りをかける必要があり、現行法の規定のままでは、合憲性を認め難い」とする（『刑事訴訟法〔改訂版〕』〔青林書院、一九九〇年〕七五頁）。

しかし、実際には、緊急逮捕は、重大犯罪とは程遠い軽微な事案で普通に行われている。私が受けた緊急逮捕状の請求でも、圧倒的に多かったのは窃盗罪であり、しかも、コンビニで数百円程度の商品を万引きしたというような事案での請求が頻発するのである。鈴木博士の見解であれば、合憲性を認め難いような事案ばかりであった。私は十数件連続で緊急逮捕状の請求を却下している。神戸地裁の前任であった名古屋地裁で緊急逮捕状の請求を却下して以来、長らく緊急逮捕状の請求は却下ばかりである。刑事訴訟法の教科書に従えば、当然の結果だと思うが、その割に、緊急逮捕状請求の却下は多くない。一九九六年の警察官請求の緊急逮捕状の却下は、件数で一九件、率にして約〇・一一％である。二〇一五年の司法統計年報でも、緊急逮捕状の発付八一一四件、却下二六件で、却下率は約〇・三％である。軽微な事件での緊急逮捕状の請求がたまたま私に集中したのだろうか？ そもそも、緊急逮捕すべき重大かつ緊急の案件が一年に八一一四件もあるのだろうか？ こんなので緊急事態だと認められたら、自衛隊は……。おっと話が逸れてしまった。

鬼頭元所長程度の人に「裁判官は適正に令状審査を行っている」と言われても大してダメージを受けないが、

瀬木元判事ほどの人に「逮捕状についてはまずまずきちんとした審査が行われていると思う」なんてことを書かれると、裁判官の令状審査に批判的な方々には、大きなダメージとなろう。元裁判官の軽率な発言は控えていただきたいものである。

寺西和史（てらにし かずし） 一九六四年生。大阪高等裁判所判事。『愉快な裁判官』（河出書房新社、二〇〇〇年）。

出所八年目に思うこと

本間 龍

私は詐欺罪で二〇〇七年に有罪判決を受け、約一一カ月間栃木の黒羽刑務所（以下、特別な場合を除いてムショ）に収監された。黒羽では、健常者とは一緒に作業ができない高齢者や認知症患者、身体障害者や精神病患者、同性愛者のみを集めた特殊工場（養護工場）の用務者（掃夫とも呼ばれる）として刑務官の補助をしていた。そうした人々は「処遇不適格者」と呼ばれており、そのお世話をすることが私の懲役作業だった。

ここであまり知られていない事実を書くと、日本の刑務所で上記のような「処遇不適格者」の日常生活における世話をしているのは実は刑務官ではなく、選抜された受刑者である。刑務官は一つの工場（約一〇〇人）に二名ほどしか配置されていないから、当然ながら全体を監視するのに精一杯で、病人や患者の世話などする暇がないからだ。

例えば、認知症患者や精神病患者は、移動が一人ではできないから常に誰かが付き添っていなければならないし、自席でじっとしておらず勝手に移動しあちこちで大小便もするから、その始末は全て用務者が行っている。さらに、入浴時の衣服の着脱、洗髪を含めた体全体の洗浄も用務者が行っている。刑務官がいちいちそれらに構っていては全体の進行に支障をきたすので、これは仕方のないことなのだが、世間ではこの事実がほとんど知られていない。

面白いのは、通常、受刑者は自分の懲役作業を選べないが、このお世話係だけは志願制で、どうしても嫌なら拒否することができることだ。見ず知らずの他人のお世話が仕事のほとんどだから、嫌々やられては虐待や喧嘩などのトラブルになるので、刑務官も強制はしない。とはいえ志願者は僅かなので、成り手の確保に刑務官はいつも苦労していた。

私が服役した二〇〇七年の段階ですでに六五歳以上の高齢受刑者の増加は問題になっていたが、二〇一六年現在でその数は全受刑者の二割に達するまでとなっており、深刻度が増していることは周知の通りだ。出所して今年で八年になるが、出所者としてその間に感じたことを記してみたい。

まず総論として、日本の刑務所行政の問題点は「刑務所内処遇」と「出所後の社会復帰支援」の二点に大別できると思う。監獄法の改正によって一時的に改善された刑務所内処遇も、改正から年月が経って現場に慣れが生じ、所長などの差配(ローカルルール化)によってかえって悪化する例も多く見られる。また、受刑者の処遇は「受刑者隔離政策」から「社会復帰支援」に緩やかにシフトしつつあるものの、再犯率の上昇を見る限りはその効果が目に見える効果となって現れていない。そうした情報は刑務所ウオッチャーとして活動しているライターや作家、人権団体などのツイッターや発表などを拝見したり、私自身も複数の受刑者と手紙のやり取りをしていることで集めている。

まず刑務所内処遇から見ていくと、私が服役した二〇〇七年は監獄法改正の直後であり、改正後の実施に若干の混乱が見られた。それまで非常に厳格だった受刑者荷物の領置が緩やかになり、特に独居にはそれまで領置されていた物品(主に書籍)が全て戻され、さながら倉庫のような状態になった部屋もあった。もちろん雑居でそれを許すと盗難などの恐れがあるため独居のみの許可となっていたが、居室内が雑然とするため、現在はまたほとんどを領置するやり方に戻っているようだ。

また、それまで全て正座だった朝夕の点呼や、入浴時に両手を湯から出していなければならないなどの規制もなくなり、刑務官の威圧的な態度もかなり改められた。もっともこの点については、累犯者を収容する刑務所では未だに残っている処もあるようだ。

さらに、法改正で通信回数も大幅に緩和されたため、手紙のやり取りがスムーズで、事前に言われていたよりもかなり外との意思疎通が楽だったことを覚えている。しかし、その緩和によって刑務所全体の手紙の量が急激に増加し、処理に人手と時間がかかるようになったため、受付回数を制限せざるを得なくなった。具体的に言うと、それまで平日は毎日発信できたのが、週に二〜三回しか受け付けてもらえなくなったのだ。その結果、受刑者の権利として認められている発信回数が消化できない刑務所も発生している。

しかし、日本の刑務所の代名詞となっている、悪名高い軍隊式の行進風景は、未だに多くの刑務所で実施されている。テレビでムショの特集をやると必ずと言って良いほど行進風景が映るのは、撮影クルーが刑務所の代表的風景として認知しているからに他ならない。あんなものは矯正の役に立たず、無意味な盲従を生むだけで真っ先に廃止すべき悪しき風習だと思うが、未だに温存されているのは日本の刑務所行政の前近代さを証明していると思う。

黒羽で一番強く感じたのは、日本の刑務所における懲役作業は罰則の色合いが強く、受刑者の社会復帰にはほとんど役に立たないということだ。伝統的な木工作業などそもそも就労機会が少ないし、ムショの作業はライン化され細分化されているから、余程の長期刑でもなければその職種に精通することもない。多少役に立ちそうな電気関係やリフトの職業訓練は、受け入れ枠が全受刑者の数パーセントに過ぎず、少なすぎる。現代社会では必須のパソコンなどの技能講習も最近は増加しつつあるが、まだまだ少ないのが現状だ。

というわけで刑務所内処遇については一進一退の状況だが、出所後の八年で最も劇的に改善されたと感じるのは、東京をはじめ各地の地検に社会福祉士が常駐し、裁判段階で被告と福祉を繋ぐ手法が導入されたことだ。黒羽には自分の犯罪内容や服役年数すら自覚できない受刑者が複数いたから、そうした人たちが裁判段階で福祉と繋がるのは、黒羽で多くの精神病患者と接した経験上、大変有意義なことだと思う。

また、出所後の社会復帰支援のため、様々な取り組みが増えてきた。「協力雇用主」に国が奨励金を支給する制度が始まってから二〇一六年四月までの約一年間に、雇用企業が五五一社から七八八社になり四割以上増えたことが報告されている。また、「職親プロジェクト」は日本財団の協力を得るなど、横の広がりも見せている。こういう動きは素直に嬉しい。

ただ、定着率が必ずしも高くないのが残念だ。複数の出所者にインタビューしたところ、ムショで自由のない生活に苦しめられたのに、ようやく出た娑婆でなぜまたうるさい決まり(寮生活での門限や飲酒禁止など)に束縛されなければならないのか、という不満があることが感じられた。

また、現状で出所者がつける職業は、土建や飲食、レジ打ちなど時給が低く、逮捕前のスキルが全く生かせないものが多い。それでも以前に比べれば、少しずつではあるが社会復帰への門は確実に開かれてきた。これは出所者支援の改革の成果であると感じている。

しかし、ここにきてその改革スピードが落ちているのではないか。具体的な観点の一つは、出所者の社会復帰についての情報発信（ＰＲ）の減少である。たとえば、設立時にあれほどメディアに取り上げられていた社会復帰促進センターからの情報発信が、最近ほとんど見られない。センターでは受刑者の社会復帰促進を目指し、社会復帰後に役立つ高度な職業訓練が行われている。また、出所に備えて企業と受刑者のマッチングも行われ、センター出所者の再犯率は他のムショに比べて格段に低いと聞いていたのに、最近はそうした情報発信が途絶えているように感じられる。

情報発信やＰＲ（パブリック・リレーションズ＝広報宣伝）は私の専門領域だが、そのＰＲに一番大事なのは「継続」である。どんなに予算が限られていても、効果的なメディアを選択し、情報発信を継続する努力を怠ってはならない。元々日本の刑事司法、特に刑務所や受刑者の社会復帰促進については、絶望的なほどＰＲ予算が少ない。そんな中で毎年秋になると「おかえりなさい運動」や各地の矯正展がお約束のように新聞に載るが、一般の人はほとんど注意を払わない。自分とは何ら関係のない世界のニュースだと思われているからだ。

しかし、一般人がムショや受刑者、出所者に全く興味がないとは言い切れない。私は自分の前歴を書籍にし、全てカミングアウトしている。だから現在自分が暮らしているコミュニティーでは、全ての友人が私の前歴を承知していて、飲みの席でもムショが話題になることが頻繁にある。その際必ず言われるのが、「そうやってきちんと説明されれば、ムショの処遇改善や出所者の社会復帰支援が必要なことは理解できる。でも、私たちはそういう情報に触れていないから、分からないのだ」という類の発言だ。つまり、必要な情報がきちんと届いていないことが問題なのだ。

最初は「犯罪者など一生ムショにぶち込んでおけばいい、出所者支援など必要ない」と言っていた人でも、きちんとその社会的コストや社会復帰の必要性を説明すれば、ほとんどの人に理解してもらえることを、私は講演や大学での講義で、何度も体験している。つまり、現状での国によるPRが少なすぎるのだ。ムショや受刑者の話など所詮理解して貰えないなどという諦めは、まずはその努力を全力でやってみてから言うべきだろう。

そしてそうした啓蒙活動に必要な人材は、実は山ほどいる。私やホリエモンのように全てを開示して著作にしている者や、有名人でムショ体験した人など、吐いて捨てるほどいる。そうした人々が、全国各地で出所者の社会復帰の重要性を丁寧に語り、来場者と率直に議論する場を作れれば、凡百の広告やCMを打つより、余程有益ではないだろうか。

ムショ内の問題点、社会復帰の難しさは、それを経験した者の言葉によってこそ、一般人の胸に届く。北欧諸国では、ムショ内改革や出所後の支援を議論する場に、出所者を招いて意見を聞いているという。日本では考えられないことかもしれないが、実はそれこそが改革の近道ではないかと私は思っている。

本間 龍（ほんま りゅう） 一九六二年生まれ。著述家。博報堂で一八年間営業を担当。退職後、在職中に発生した損金補塡にまつわる詐欺容疑で逮捕・起訴される。『「懲役」を知っていますか?』（学習研究社、二〇〇九年）、『原発プロパガンダ』（岩波新書、二〇一六年）ほか。

矯正施設から見えてくる問題

Ｐａｉｘ２

二一世紀に入って、司法の世界では様々な整備が行われ、犯罪に対する厳罰化も施行されました。法律の専門家、矯正問題の諸先輩方から見れば、私たちの意見や考え方は、少し視点がずれている感は否めないかもしれませんが、矯正施設等で見聞して来たことや平素から感じていることをお話しさせていただければ幸いです。

ある女子少年院の院長先生が語ってくださった忘れられない話があります。

Ｐｒｉｓｏｎコンサートの本番準備中、院長先生から「少しお時間をいただけますか？」と言われました。本番時間が迫っていましたが、「一五分くらいなら」と、お話をうかがうことにしました。

「ここは少女たちの施設ですから、いくつかの事例をご紹介させていただきますね」と、プロジェクターを使いながらお話が始まりました。

「小学生になると学校という集団の中に身を置くことになります。いくら小学生といっても、沢山の小さな集団がいつの間にか形成されてゆきます。仲の良い友だち同士、裕福な家庭の子供、シングルの親の家庭の子供、貧しい家庭環境の子供、それは様々です。

子供同士の歯に衣着せぬ発言に傷つき、次第に心に闇を抱えた子供たちがコミュニティーを形成します。そして「おなかが痛い」「熱が出た」と言って、学校を休むようになります。

学校に行かない者同士が、仕事で誰もいない子供の家に集まるようになり、その後、ゲームセンターや繁華街に行くようになります。そこで、年上のいわゆる不良と言われる中学生や高校生と出会います。そして、街の良くない大人と出会い、その後は、皆さんが想像するに難くない非行の道を歩くようになります」

子供たちが徐々に非行への扉に引き込まれ、人生を誤る方程式のお話で、とても興味深いものでした。「一五分くらいなら」と言ったことを忘れてしまい、必死でメモを取りながら、いつの間にか五〇分も聞き入ってしまいました。

少年による凶悪犯罪が顕著になり、陰湿ないじめを超えて集団暴徒化した事件が発生しています。安全・安心な街づくりを提唱しても、司法関係者が法を整備しても、次から次へと発生する案件は後を絶ちません。法整備による対策は、どこまで行っても後手に回っている感が否めないのが、今日の社会現象ではないでしょうか。

今後この国を担う若者たちの教育のあり方は過渡期にあり、そもそも教育とは何かを改めて問わなければ、この状況はますます取り返しのつかない状況に向かっていくものと憂慮します。

根本的な改善への第一歩は「家庭環境」「親になる人たちへの自覚」への警鐘です。

Ｐａｉｘ2は、デビューして以来一六年間、日本国内のほとんどの矯正施設を訪問し、Ｐｒｉｓｏｎコンサートを通じて、塀の中にいる人たちの心の中の問題について考えてきました。

少年院を訪問するたびに「なぜ、こんなにも真っ直ぐな目をした子供たちがここにいるのだろうか?」と思い、コンサートのたびに「一日も早く社会へ戻してあげたい」と願う気持ちが膨らみますが、その反面で、被害者の気持ちに思いを馳せると、凶悪犯罪に対しては、心からの怒りと悲しみが湧いてくることは否めません。

非行に走る少年・少女たちに聞くと、両親が働いている家庭の少女は「家に帰っても誰もいないから淋しい」、また母子家庭の少年は「母親に彼氏ができて帰ってこない」と語ります。こうした話も数多く知ることができました。なかには両親とも刑務所、兄弟二人とも少年院に入っているというケースや、親の存在さえ知らない子供のケースもあり、愕然としました。これらはほんの一端です。

人間性を欠いた事件に出会うと、そこに至るまでの幼少期の家庭や学校の環境がどのようなものだったのか……と思います。そして、家庭環境が最も重要であると知ることになります。

少年院での教育は、社会という集団の中で生きていくことの常識や礼儀を身につけ、自分の犯した罪に向かい合い、考えを改めさせるためのものです。

その教育の中で、人としての自覚を初めて学ぶことになる少年・少女。

少年院での教育やしつけは、とても厳しいものと考えられます。ですが、厳しいといっても、社会の中を生きていくための知識、人としての常識、学業を時間通り規則正しく行うこと——そんな当たり前のことさえも知らない子供たちがいるのです。

少年法における不定期刑の延長や、公訴時効の撤廃、厳罰化の影響などについては、様々な意見が飛び交うところです。

少年の頃に非行に走ったり罪を犯したりしても、まだ精神的発達の途中であり、環境を整え、徹底した教育を実施すれば正しい道に戻る可能性が高いのです。満二〇歳に満たない少年の犯罪に対する刑罰については「可塑性」を考慮する必要があります。

厳罰化が進み、本来、少年院で矯正教育を受けるべき年齢の少年が刑務所へ送致された場合、成人施設の中で他の受刑者からどのような影響を受けるのであろうかと思うと、「可塑性」のあった少年までが更生への道を閉ざされるのではと憂慮せざるを得ません。

少年法で年齢の区切りを設けて、一八歳・一九歳はもはや少年ではないという考え方に基づく少年法改正派の意見と、凶悪犯罪以外は現行の少年法で充分に対処できるという少年法擁護派の考え方とに意見は割れていますが、少年たちとの関わりを持つ私たちの思いは、後者に属します。

また、厳罰化により実際に犯罪の抑止効果があったとする資料などを検証しても、統計学的にも実証されていないのが現状のようです。

少年の犯罪事案には、法律に基づく一定の基準は必要ですが、より慎重に個々の案件の矯正指導を行うのが賢明と考えています。

少年たちの中には、大人であれば起訴されて厳罰に処せられるようなことをしても、鑑別所に送られて保護観察処分、悪くて少年院で済む少年法を逆手に取り、矛盾した考えを持つ少年もいると聞きます。こうした場合も、幼い聞きかじりの知識で安易な行動に駆られているものと思います。これについては然るべき調査が必要とされます。

識者の皆さんが、机上で少年たちの心の闇を想像して議論をしたり、前例を参照して指導をしたりしても、改善・更生へ導くことはとても難しいと思います。大切なことは、ひとりひとりの心の闇に向き合い、徹底して話を聴き、少年が心を開いて自ら話し出すまでの環境作り。私たちは、心の中の更生へのスイッチを押すことから、更生への道は開かれると考えています。

最近「少年院を日本一の学校にする」ことを目指している法務教官武藤杜夫さんを知る機会がありました。彼は、自分自身が体験した様々な事例を基に、非行に走り少年院に入る子供たちが持つ可能性について講演活動をしていらっしゃいます。講演では、少年院経験者・児童相談所経験者・保護観察処分経験者など、不遇な経験をして、どん底から立ち上がって来た人々の中には、社会で大成している人も沢山いると話されています。確かに非行に走る少年・少女の中には、ＩＱも高く潜在的にずば抜けた才能を持っている子供たちもいると聞きます。そういう少年・少女の才能を開花させ、再犯を抑止してこそ真の教育ではないでしょうか。もちろん、これを実施するには、法務教官としての研鑽を積み、人間的スキル、所謂、人間力の高さが求められると思います。

刑事罰は、犯罪者が逮捕され、取調べを受けて検察庁に身柄を送致されて、裁判において刑期が確定するわけですが、これらの一連の手順は私には専門外であり、いまさら議論する気持ちはありません。

監獄法が改正され、様々な問題も起こってきました。

二〇〇一―〇二年に起きた、名古屋刑務所での受刑者死亡事件をきっかけに、受刑者の処遇が大幅に改善されました。一部の職員による暴行事件とはいえ、その後、刑務所内の雰囲気はガラッと変わったことは言うまでもありません。

人権を声高々に叫び、所内での処遇改善に関するある種の無理難題な願い事が、法務大臣への直訴や刑務所長への直訴といったカタチで数多く行われるようになり、職員の皆さんには混乱や戸惑いが数多くあったのではないかと感じています。

私たちの知る限り、これまで一六年の間に出会った行刑施設の職員の皆さんは、人間対人間の心で受刑者を処遇していらっしゃいます。

刑務所内の工場では、一工場当たり平均五〇人程度の受刑者が労働しています。これだけたくさんの受刑者の作業態度や行動を一人または二人の職員が管理しています。その環境の中でのストレスや緊張感を思うと、仕事とはいえ想像を絶するものがあります。

刑務官である限り、定年まで勤務を続けると「無期懲役」に相当するほどの年月を塀の中で過ごすことになります。

私たちは、四〇〇回に及ぶ矯正施設でのＰｒｉｓｏｎコンサートを通して、長い懲役刑を終えて出所し、その後、事業を立ち上げ、立派に社会生活を送っている人や社会貢献をしている人に、これまで何人もお会いしました。その方たちは、「私は、受刑生活の中で、とても尊敬できる刑務官に出会いました。その人のおかげで、今日があります」と、必ずハッキリ言われます。この言葉が表しているのは、受刑者に対する、その刑務官の指導力、いわゆる「人間力のスキル」が高かったということではないかと思います。

日本の司法制度の矛盾点や警察での取調べの可視化、裁判員裁判の制度など最近の運用を深く考えると、素人の私たちでさえ矛盾に感じることは多々あります。

しかし、すべて人間が行うことゆえに、これらすべてにおいて完璧であることを求めるには、もっと深いところでの議論が必要とされます。今、問題としなければならないのは、司法制度改革を行う側とそれを施行する側、両方の立場の人間の資質ではないでしょうか。

心の闇を持った犯罪者の心理を普通に生活している私たちが理解できるでしょうか。

そのことを一番知る機会があるのは、現場の矯正職員です。

私たちはこれまで、現場の職員の葛藤や苦悩、その精神的な苦労を数限りなく見聞して来ました。

法律の改正により、現場の職員の皆さんがどんなに苦労しているのか、改正に携わった学者、識者、政治家の皆さんは、今一度考える必要があると思います。

Ｐａｉｘ２（ぺぺ）　北尾真奈美（きたお　まなみ）と井勝めぐみ（いかつ　めぐみ）によるデュオ。二〇〇〇年インディーズでデビューし、〇一年シングル「風のように春のように」でメジャーデビュー。二〇〇一年より全国の矯正施設でＰｒｉｓｏｎコンサートを継続し、「受刑者のアイドル」と呼ばれている。アルバムに『逢えたらいいな』『ＨＡＮＡ　爛々と』『しあわせ』、著書に『ＳＡＹいっぱいをありがとう――塀の中から響く歌声』（実業之日本社、二〇〇五年）、『逢えたらいいな――プリズン・コンサート三〇〇回達成への道のり』（鹿砦社、二〇一二年）などがある。

溢れでてきたのは「やさしさ」だった——奈良少年刑務所での詩の教室より

寮 美千子

長編小説で泉鏡花文学賞をいただいたことをきっかけに、二〇〇六年、首都圏を脱出して奈良に移住した。残りの人生を、地方都市で静かに暮らしたいと思ったのだ。ところが「奈良少年刑務所」に出逢ったことで、人生は思わぬ方向に舵を切った。ふとしたことがきっかけで、受刑者の少年たちに絵本と詩の教室を持つことになったのだ。以来九年二か月、夫の松永洋介と二人三脚、いや、刑務所の教官の竹下三隆氏と乾井智彦氏との四人五脚で授業をしてきた。そのために人間観や世界観まで変わってしまった。授業を通じて、わたし自身も成長できた。残念ながら、奈良少年刑務所は二〇一七年三月いっぱいで廃庁となる。詩の教室もすでにない。そこで、どんな授業が行われ、なにが起きたのかを語ってみたい。

わたしたちが行なったのは、いたってシンプルな授業だった。受講生は一〇名前後。刑務所のなかでも、コミュニケーションに困難があり、問題を抱えている子ばかりを集めてくる。授業は月一回で半年で終了。合計でたった六回しかやらせてもらえない。

最初の二回は、絵本を声に出して朗読してもらう。登場人物になって、みんなの前で朗読劇をしてもらうのだ。

これだけのことだが、演劇の魔力なのか、クラスのなかに連帯感が生まれる。心がほぐれてきたところで、詩を書いてくるという宿題を出す。

残りの四回は詩の授業だ。受講生が自作の詩を朗読する。みんなが感想を述べる。その際、詩の上手下手は関係ない。その詩を書いた作者の心を正面から受け止めようとしている。そこが、国語の授業とはまるで違うところだ。みんなの感想を聞いた作者が、その感想を述べ、全員でその詩を声に出して読んでみる。それを時間いっぱい行なうだけだ。

これが、魔法のような効果をあげた。自分の詩を朗読し、仲間に感想を言ってもらっただけで、彼らはみるみる変わっていく。ふんぞり返って座っていた子が、自らきちんと座る。言葉がなかなか出なかった子が、自然に話せるようになる。吃音やひどいチック症状が目の前で消えたことすらあった。一人が心の扉を開いて思いを吐露すると、連鎖的に心の扉が開かれる。みんなが苦しかったこと、悲しかったことを語りだし、仲間がそれを受けとめあう。交流不能と思えた彼らが、互いにあたたかな心のやりとりを始め、教室全体が、実に心地よい雰囲気に包まれていく。すると、彼らが抱えていた問題が軽減されていく。以前よりずっと楽にコミュニケーションが取れるようになるのだ。

授業のなかで驚いたことの一つは、心の扉が開いたとき、彼らのなかから溢れだしてきたのが「やさしさ」だったということだ。つらい思いをした仲間への思いやりの言葉が溢れだす。心には世間への恨み辛みもあるだろうに、教室の仲間にそれをぶつけるような子は一人もいなかった。ふしぎでならない。人を殺したような人間のなかに、こんな深い思いやりがあるとは、と胸がいっぱいになったことが何度もあった。

そんな授業のなかでわかってきたのは、彼らが押し並べて、加害者である前に被害者であったということだ。

「刑務所はいいところだ」という詩を書いてきた子がいた。「屋根のあるところで　眠れる／三度三度　ごはんを食べられる／お風呂にまで　入れてもらえる／刑務所は　なんて　いいところなんだろう」。聞いているうちに、涙が出てきた。育児放棄され、コンビニの廃棄弁当をかすめとって生き延びてきた子だった。「宿題で詩を書いてきてください」というと「先生、シュクダイってなんですか」と聞かれた。小学校にすら行っていなかったから「宿題」という言葉さえ知らなかったのだ。そんな子が、罪を犯して刑務所に来てしまっている。彼は一体どんな罪を犯したのか。わたしたち外部講師は、彼らの罪状を教えてもらえない。しかし、思う。どんな罪であろうと、この子だけの問題ではないだろうと。子どもホームレス状態だった彼を救えない社会があった。救えなかったわたしたち一人一人にも、責任があるのだ。

そんな例はいとまがない。「地図」という詩があった。作者は、子ども時代、漫画より地図が好きだったという。なぜなら「地図には　ぼくが暮らす施設が載っていた／地図には　離れて暮らす母の団地が載っていた／地図には　団地の近所の公園やスーパーも載っていた」からだ。施設は、彼にとって地獄のような場所。いじめられ、逃げだすこともできない。そんなとき「思い出をたどるように　母と通った道や行った場所を　夢中で探した」とある。涙なしには読めない。そんな思いをしてきた子が「犯罪者」になっている。

彼らは、幼少の頃から様々な苦しみを体験してきている。口を開けば殴られる、という虐待を受けて、ろくに言葉が出なくなってしまった子もいた。親の過剰な期待に応えようとして、心が折れてしまった子もいる。怖い、痛い、さみしい、お腹が空いた、つらい、おれはダメな人間だ。そんな負の感情を正面から受け止めていたら、たまらない。だから、心の扉を固く閉ざす。すると、喜びの感情も入ってこなくなってしまう。その結果、「自分がなにを感じているのか、よくわからない」状態にあることも多い。そんな彼らに「被害者の気持ちになってみろ」と言っても、どうしようもない。自分の気持ちがわからない者に、他人の気持ちが思いやれるわけがない。

しかし、詩の教室で「自己表現」することを覚え、それを仲間たちに「受け止めてもらった」と実感すると、みるみる変わる。癒やされていくのだ。自己否定感に満ち満ちていた彼らの心に、自己肯定感が芽生え、うっすらと夢や希望も見えてくる。生き生きとした感情も芽生えてくる。と同時に、そこまできてはじめて、自分の犯した罪に向きあうことになる。取り返しの付かないことをしたことに思い至り、深い反省の詩を書いてきてくれた子もいた。

はじめは、ビギナーズラックだと思った。ところが、何度でも同じことが起きる。メンバーがかわっても同じだ。いままで一八六人の受講生がいたが、変わらなかった子はいない。

「たったこれだけの受け止め」で、人はこんなにも変わるのか、と思った。つまり彼らはいままで「たったこれだけの受け止め」すらされてこなかったのだと気づいて愕然とした。世の中は、なんと荒涼としたところだろう。それに比べれば、彼らの更生を心から願う人々しかいない少年刑務所は、ずっとずっとやさしい場所だ。はじめは、刑務所の高い塀は、彼らを閉じ込めるためにあると思っていたが、後には、彼らを世間の荒波から守るための防波堤に思えてきた。授業の詳細は、『空が青いから白をえらんだのです　奈良少年刑務所詩集』(新潮文庫)と『世界はもっと美しくなる　奈良少年刑務所詩集』(ロクリン社)に記したので、ぜひ参照してほしい。

彼らと触れあうことでわかったこと、それは彼らが理解不能なモンスターではないということだ。わたしたちと同じ、傷つきやすい心を持った人間だ。「生まれつきの悪人」なんていない。さまざまな困難が、彼らの心を傷つけ、歪ませてしまっただけなのだ。その傷を少しでも癒やすことができれば、彼らは「元の自分」に戻れる。そこから、やり直すことができるのだ。心の扉が開かれれば、溢れでてくるものは「やさしさ」。人間は、本来

「いい生き物」なのだと、思えるようになった。そして、「人は変われる」と確信させてくれた。人間に対する深い信頼を、わたしは受刑者たちのおかげで得ることができた。

死刑にはもともと反対だったが、この体験により、それはより確かな信念となった。「改悛の情がないから死刑」という判決があるが、裁判中はこんな教育も受けられない。せめて、こんな教育を受けて心を開き、罪と向きあった後に判決を下してほしいと思う。

もう一つ、わかってきたのは、彼らに重い罪を科して「反省」を迫っても仕方ない、ということだ。それは鞭で動物を調教することと似ている。「あんな目に遭いたくないから、もうしない」というだけで、心のなかに不平不満が溜まる。それが再犯を招きかねない。

彼らに本当に必要なのは、適切な受け止めとあたたかな教育だ。傷つきこじれた心のまま、自分の感情さえわからない人に、「被害者の気持ちになれ」と求めても無理だ。まず、彼ら自身が癒やされること。それなくして真実の反省も改悛もありえない。むずかしいことではない。詩の教室のような、たったあれだけの「受け止め」で彼らは癒やされていく。

そのときに大切なのは「場の力・座の力」ではないかと、わたしは思う。詩の教室の仲間たちは、同じ境遇にあった。犯罪を犯して刑務所まで来てしまった者同士だ。だからこそ、互いに受け止めあうことができるのではないだろうか。

出所した彼らは、連絡を取り合わないように配慮されている。保護司も、保護観察を受けている者同士を会わせることはなく、むしろ分断しようとしている。しかし、彼らにとってほんとうに必要なのは、励ましあえる同じ境遇の仲間だろう。薬物依存者のための互助会として「ダルク」があるように、元犯罪者が集い、互いに励ましあえるような場が必要だ。「自分だけが前科者」「知られたら白い目で見られる」という境遇で、一人ぼっちでいる彼らの深い孤独を思うと、身の毛がよだつ。もしも自分がそんな立場だったら、どれだけ深い孤独を感じるだろうか。元犯罪者の集いの場を、ぜひ作ってほしい。信頼できる人間が、水先案内人として機能すれば、きっとよき結果が得られるだろう。そこで、こんな詩の教室を開けたら、より効果が高いのではないか、と思わずにいられない。

凶悪犯罪が起きると、新聞テレビが騒ぎたて、ネットには「人間じゃない」「殺せ」の大合唱が起きる。少年法をさらにきびしくするべきだという声が大きくなり、死刑を求める声すら聞こえてくる。裁判員制度では、「処罰感情」が大きいためか、以前より重い刑を求刑することも多くなった。仮釈放までの期間も長くなっている。服役が長くなればなるほど、社会復帰は困難になる。困難を増す方向に、世間が動いていることが残念だ。

現実には、犯罪件数は減り、凶悪犯罪も増えているわけではない。そのことを、法務省は国民に大々的に広報するべきだ。扇情的なマスコミと、ヘイトに満ちたネットにだけ任せておくわけにはいかない。そして「厳罰化」よりも「あたたかな教育や支援」こそが、再犯を防ぐ現実的な手段であることを、知らしめてほしい。必要なのは「北風」ではなく「太陽」なのだ。わたし自身も、刑務所と関わることで、はじめてそれを実感した。

信じられないようなひどい犯罪が起きたとき、わたしはいまでは「犯人はどんな育ち方をしたのだろう。どんな問題を抱えて、なぜ救われることなく、ここまできてしまったのか」と考えるようになった。犯罪を犯すようになるには、必ずなんらかの背景がある。その背景を解明し、問題を共有して対処していくことこそ、犯罪を防ぐために最も重要なことではないだろうか。

二〇一六年七月、法務省は、翌年三月末での奈良少年刑務所の廃庁を発表した。寝耳に水だった。長年関わってきた篤志面接委員や教誨師はもとより、現場の職員さえも七月初めに講堂に集められ、いきなり廃庁を告げられたという。廃庁の理由は、建物の耐震構造に問題があるとわかったこと、移転地を模索したが見つからなかったこと、若年層の人口も犯罪率も減っているために閉庁をしても受刑者を他の施設で収容可能なこと、などだという。トップダウンの決定だった。

同時に発表されたのが、奈良少年刑務所の明治生まれの煉瓦建築の保存だ。追って一〇月には、文化審議会が、これを国の重要文化財に指定すべしという答申をした。名煉瓦建築が保存されることは誠に喜ばしいが、廃庁の急なことに、多くの関係者がショックを受けた。

奈良少年刑務所　表門（撮影・寮美千子）

一般に、刑務所の廃庁には二年から三年の時間をかけるという。こんな急な展開になった背後には、二〇一六年三月に内閣府から発表された「成長戦略」があると推察される。「文化財を保護するだけではなく活用して地域の経済活性化に貢献する」という事案の具現化だ。廃庁後は、施設を法務省が所有したまま運営権を民間に売却し、営業を任せる計画だ。いわゆるＰＦＩである。採算の取れる施設にということで、ホテルが候補に挙がっている。法務省は施設内の一部を「法務博物館」にしたいと考えているとのことだが、これも法務省との協議の上、民間が基本設計をし、運営するとのことだ。

というわけで、奈良少年刑務所はなくなってしまう。わたしたちがしてきた詩の授業も、二〇一六年九月に、一八期終了と同時に廃止された。せっかく成果があがり、これからこれを理論化して広めようと東京学芸大学大学院教育学研究科(教職大学院)の成田喜一郎教授に授業に入っていただく話が進んでいる矢先だった。

「東の川越・西の奈良」と呼ばれるほど、奈良少年刑務所の受刑者教育は充実していた。ここがセンターとなり、各刑務所へ、暴力回避プログラムや性犯罪防止プログラムを広めるという役目も担ってきた。「のれん分けした授業があるから大丈夫」と刑務所は言うが、センターがなくなってしまうことの損失は大きいだろう。

奈良がこのような役割を担ってきた理由の一つに、実は「明治の名煉瓦建築」の力があったように思えてならない。その歴史をひもとけば、幕末に締結した不平等条約の「領事裁判権」に行きつく。明治政府は欧米諸国に改正を求めたが、拒否されてしまった。その理由の一つは「日本にはまともな司法制度も、監獄も整っていない。これでは「受刑者の人権」が確保されない」ということだった。一念発起した明治政府は、司法省の建築技官・山下啓次郎を欧米八カ国に派遣、三〇カ所以上の刑務所を見学して設計したのが、千葉・金沢・奈良・長崎・鹿児島の「明治五大監獄」だった。そのなかで、全貌を残し、当初の目的のまま使われているのは、奈良少年刑務所だけとなっていた。

奈良少年刑務所　監視所(撮影・上條道夫)

写真を見てもらえばわかるだろうが、その表門はまるでおとぎの国の門のように愛らしい。外から見えるところだけではなく、受刑者の居住する舎房に至るまで装飾が施され、あたかも修道院のような簡素さと美しさを備えている。五翼放射状舎房の中央にある監視所など、まるで教会の聖堂のような神聖さを感じる。そして、少しも威圧的ではない。山下啓次郎は、受刑者を威圧して懲らしめるための建築ではなく、人として扱うための愛のある設計を目指したように思える。このような建物だからこそ、奈良少年刑務所にあたたかな教育が芽吹き、育ち、わたしたちがしたような詩の授業もさせてもらえたのだろう。

百年前、司法省も建築家も、受刑者の人権に深く配慮して、世界に誇れるりっぱな刑務所を作った。翻って、いまの法務省が最優先しているものはなんなのだろう。なんのための廃庁なのか。法務省は予算が少ない省だ。予算削減という側面もあるだろう。しかし、社会の安全を守ることが第一の使命のはずだ。

元受刑者の再犯率は高い。再犯を防ぐために必要なのは、服役中の手厚い教育と出所後の支援である。そのためにも、国は法務行政に目を向け、もっと予算を付けてほしい、犯罪者への教育と支援を充実させてほしいと切望する。

寮美千子（りょう　みちこ）　一九五五年生。作家。二〇〇七～二〇一六年、奈良少年刑務所で受刑者に詩の授業を行なう。その成果は『空が青いから白をえらんだのです　奈良少年刑務所詩集』（新潮文庫、二〇一一年）、『世界はもっと美しくなる　奈良少年刑務所詩集』（ロクリン社、二〇一六年）にまとめられた。ほか『写真集　美しい刑務所　明治の名煉瓦建築　奈良少年刑務所』（西日本出版社、二〇一六年）など。

刑期于無刑

角谷敏夫

私たちが一九四六(昭和二一)年に公布した日本国憲法は、国民主権・基本的人権の尊重を宣言し、恒久平和を念願し、戦争を永久に放棄した世界で最も優れた憲法です。そして翌年に教育基本法、学校教育法を公布し平和国家の道を今日まで歩み続けてきました。

世界の人々も日本が近代社会に入ってから凡そ一〇年おきに戦争を繰り返し、とりわけ前回の世界大戦への深い反省のもと制定した日本国憲法のもとに平和国家、平和外交の道を七〇年余歩んできたことを認め、評価していました。テロリストたちも「私は日本人だ」と言えば向けた銃口をそらしました。しかし、二〇一六年七月、親日的なバングラデシュ人民共和国で七人の日本人が銃殺されました。「私は日本人だ」と叫んだのに、いやむしろ日本人であるがために銃の引き金を引かれたのです。最近これに類似したテロが見られます。いつからこのような状況になってしまったのでしょうか。それは多くの国民、学者、有識者が憲法違反であると批判し、反対を訴えているにもかかわらず、これまでの七〇年余の政府見解をも自ら踏みにじり、二〇一四年に集団的自衛権の行使を容認し、二〇一五年九月、安全保障関連法を政府が国会で強行採決し、平和への道を踏み外し、戦争への道筋を作ってしまったことが大きな影響を持っているのではないでしょうか。このとき世界は、日本が平和国家の歩みから離脱したと判断し、日本が平和主義国家であることを認めなくなったのではないでしょうか。先の大戦で日本の多数の為政者が東京裁判で犯罪者として処罰されましたが、今の為政者が、これからの為政者が二度とそのような犯罪者にならないよう切願します。

こうした誤りの舵取りが社会を困惑させ、教育を混乱させ、非常に息苦しい社会にさせてしまっているのです。これからの日本の刑事司法、刑事政策に悪影響していくことを危惧しています。実際に、ここ数年、凄惨な犯罪、年少者の陰惨な犯罪が日本社会に頻発しています。刑事司法で最も大切なことは、犯罪(者)に対する処遇ではなく、犯罪(者)を生み出さない社会を構築することです。

刑務所においては受刑者に対し刑事収容施設及び被収容者等の処遇に関する法律に基づき幅広い教育指導が行われています。受刑者の処遇の流れはおおまかに見ると、①入所→②処遇調査→③作業・改善指導・教科指導・処遇再調査・就労支援→④釈放前指導→⑤出所となります。こうした教育指導の中心となるのが③の各指導で、中でも作業、改善指導、教科指導が重要なものとなります。

作業は懲役受刑者等には法律上義務付けられています。作業には生産作業、社会貢献作業、自営作業、外部通勤作業があります。

これらの作業の収入は全て国庫に帰属しますが、平成二六年度の歳入額は約四一億円です。しかし、法務省矯正官署の平成二六年度の矯正関係経費予算額は約二二九五億円です。このように生産作業は経済的に効率が良いものとは言えず、一部を除いて社会貢献作業に移行する方が多面的に良いと思われます。今は行われていませんが、かつて松本少年刑務所は松本市と連携して松本城のお堀の堤の草刈り等を受刑者がしていました。地方自治体はこうした様々な奉仕活動を歓迎するのではないでしょうか。

一方、受刑者には従事した作業に応じ作業報奨金が支給されますが、同年の一人一カ月当たりの平均額は四八一六円でした。また、作業報奨金は更生資金として出所時に支給されるのが原則ですが、同年の出所者に支給された額は五万円を超える者が二九・四％、一万円以下のものが一九・〇％でした。いずれにしても非常に低い金額と言えるでしょう。

職業訓練（全国の刑事施設で五四種目）も行われていますが、作業内容にしても職業訓練にしても社会復帰後直ちに役立たせていくことは難しい状況です。これは受け入れる側の私たちの社会にまだまだ問題点があるものと考えられます。

改善指導には一般改善指導と特別改善指導があります。

一般改善指導は、講話、体育、行事、相談助言その他の方法で行われ、特別改善指導には薬物依存離脱指導、暴力団離脱指導、性犯罪再犯防止指導、被害者の視点を取り入れた教育等が行われています。

教科指導は学校教育に準ずる指導です。社会生活の基礎となる学力を欠くことにより改善更生、円滑な社会復帰に支障があると認められる受刑者に行う教科指導で補習教科指導と呼ばれています。ほとんどの刑事施設で行われていますが、教科数、授業数、クラス数、定員等が少なく、この指導をさらに充実発展させていく必要があります。

特別教科指導と位置付けられている教科指導があります。通信制課程の高等学校が三施設に設置されていて、所定の過程を修了した者には卒業証書が授与されます。

また、平成一九年度から法務省、文部科学省の連携により刑事施設内において、高等学校卒業程度認定試験を実施しています。合格者も多数います。指定された四施設では同試験の受験に向けた指導が行われています。

松本市立旭町中学校桐分校　日本で唯一の刑事施設内の中学校が、松本少年刑務所内にある松本市立旭町中学校桐分校です。この桐分校に学ぶ生徒は様々な事情から義務教育を修了できなかった受刑者です。当校を設立し、六二年間の運営を支えてきた松本市民・長野県民の根底の思い、思想は、深い人間愛と、教育の力への信頼、教育への情熱でした。長野県は長年にわたり教育県として評価されてきました。それは近代に入ってからと思われがちですが、近代の小学校の基礎となった江戸時代の寺子屋の数も長野県には一三四一あり、これは全国の八・六二%を占め、全国で最多の数となります。廃藩置県の際には教育を県政の根幹の一つとし、学制発布前に松本に「筑摩県学」を開校しました。また、我が国で最初に障害のある児童を対象とした学級が一八九六(明治二九)年に長野尋常小学校に「晩熟生学級」という名称で誕生しました。こうした歴史的背景も桐分校誕生にとって恵まれていました。

日本国憲法のもと平和国家を歩み始めて間もない一九五三(昭和二八)年当時、松本少年刑務所に収容されていた二五五人の青少年受刑者のうち二〇〇人(七八・四%)が義務教育未修了でした。こうした状況は戦争や敗戦による社会混乱、貧困、劣悪な就学環境、学制の転換期などといった背景に起因しています。彼らもまさに戦争の犠牲者だったのです。この七八・四％の義務教育未修了受刑者を救済し彼らの更生の道を拓くために一九五五（昭和三〇）年に設立されたのが当校でした。ちなみに、当時の桐分校設置要領の設置理由書には「特に更生意欲を喚起する上からも、また社会復帰後の再起の原動力としても是非施設に在る期間中に、少なくとも新制度義務教育修了程度の学力を涵養させ、さらに資格証明を与えることは特に肝要である」と記されています。

桐分校のクラス編成は第三学年一学級で男子だけです。入学者数とその平均年齢を一〇年ごとに見ると、第一回の昭和三〇年は入学者数二六人、平均年齢一九・六歳。昭和四〇年は一九人、二〇・〇歳。昭和五〇年は一〇人、二二・四歳。昭和六〇年は一六人、三七・四歳。平成七年は一一人、五五・四歳。平成一七年は七人、四一・〇歳です。

また、入学者数の平均は、昭和三〇年代の一〇年間は二四・四人、同四〇年代は一三・九人、同五〇年代は八・九人、昭和六〇年から平成六年までの一〇年間は一一・五人、平成七年から同一六年までは七・九人、同一七年から同二六年までは八・二人と漸減しています。それに対応して応募資格も年齢については幾度かにわたって変遷してきました。当初は「少年受刑者」でしたが、昭和四五年からは「おおむね二三歳未満の者」、同四八年からは「二六歳未満の者」、同五四年からは「おおむね三五歳未満の者」、さらに同五九年からは「おおむね四五歳未満の者」となり、平成九年からは年齢についての規定は設けていません。これまでの入学者の最年少者は一七歳、最年長者は六七歳です。近年は入学生の高齢化とともに外国籍の生徒が増加しています。

これまでの六一回の卒業生総数は七四一人を数えます。

学習する教科は一四科目で、六〇分授業を一日七時間、週に三五時間の授業を受けます。夜間も居室で三時間の自習時間があります。夏休みも冬休みもなく、一年間の授業日数は例年二二〇日前後です。勉強漬けの一年間です。

私はこの桐分校で三五年間にわたり教鞭をとり、生徒に学ぶことの意味、生きることの意味を問い続けました。それは同時に自分への問いかけでもありました。当校の設立の経緯、その歴史と歩み。生徒たちが学びと苦悩と感動の学習生活の中で目覚め、自らを変え成長していく姿。そうしたことを拙著『刑務所の中の中学校』に綴りました。

桐分校生以外にも多くの一般青少年受刑者の矯正教育に携わってきましたが、基礎的な学力を身に着けていない人が数多くいます。そのため「生きる力」を培っていないのです。いかに教育が、とりわけ小学校・中学校の学齢期の教育と学びが重要であるかを痛感してきました。

「ひとつ学べばひとつ世界が広くなる。ふたつ覚えればふたつ世界が広くなる。こう考えていくと、学ぶことは人間として一生の仕事だと思えてくる。人間は生涯、勉強が必要です」(生徒の卒業感想文から)

「桐分校に入学して本当によかったと思います。義務教育を修了していない、中学校を卒業していないということに、幾度も泣き、幾度も悲しい気持ちになりました。でも、暗く長かった悲しみとも、苦しみとも、今日、別れる日が来ました」(ある年の卒業生代表の答辞から)

彼らは、奪われてきた文字だけでなく、人としての「誇り」をも取り戻して桐分校を巣立っていきました。

教育とは希望を語ること。学ぶとは生きる力を養うこと。桐分校には教育の原点が、学びの原点が、人間の原点があります。書経に「刑期于無刑」(刑は刑なきを期す)とあります。桐分校は義務教育未修了受刑者の最後の救済の場所です。桐分校は現代の寺子屋です。桐分校は犯罪の道から更生の道への架け橋なのです。

参考文献
「犯罪白書平成二七年版」　法務省法務総合研究所
『刑務所の中の中学校』　角谷敏夫著　しなのき書房刊

角谷敏夫（すみや　としお）　一九四七年生まれ。元松本少年刑務所法務教官（元松本市立旭町中学校桐分校教官）。『刑務所の中の中学校』（しなのき書房、二〇一〇年）ほか。

いつの日か僕の演劇を観てほしい

宇梶剛士

なぜ少年院に入ったのか

僕は少年院に入ったことがあります。少年院は僕にとって嫌なところではありませんでした。タバコが吸えない、友だちと会えないくらいが嫌ではありましたが。収容された茨城の水府《すいふ》学院(中等少年院。現在の第一種少年院)では、院生が更生するように先生方が熱心に取り組んでくれました。自伝『不良品――オレは既製品じゃない!』でも書きましたが、勉強をしたいという願いを受け止めてくれて、消灯後の延灯学習を許され、在院期間中に手錠もつけず東京に返してもらい、高校受験をさせてくれたのです。そして、退院は五月でしたが、四月二日まで短縮され、新学期から学校に通うこともできたのです。

少年院に入るきっかけとなった対立する暴走族との乱闘事件に、実は僕は加わっていません。先輩が運転する車で抗争の現場に着いたときには、仲間はもうその場を去り、逃げ遅れた敵対側のメンバーがうずくまっていました。先輩も逃げてしまい、僕一人で救急車を呼び、到着を見届けて帰りました。それでも、後に僕が陣頭指揮を取ったということになりました。

警視庁少年課の刑事さんはこんなことを言いました――この乱闘事件では逮捕者が百数十人も出て、それぞれが助かろうと勝手なことを言うので調書がまとまらない。そのなかに特別少年院(現在の第二種少年院)を出たばかりの友人もいて、今回逮捕となればまたの少年院行きは確実。次は一年や二年では出てこられないだろう。お前は暴走族のヘッドだったんだから、自分がやったと言えば友人も出してやるし、事件も収まるんから。僕はこの刑事さんの交換条件を呑み(1)、自分で陣頭指揮を取ったことにして、友人にも会わせてもらいました。つまりは罪名を背負ったということです。

このような経験があるので、調書の作り方に問題があることがよくわかります。例文を示され、明らかに違うところは喰い下り、直してもらったりもしましたが、大筋は警察主導で作られます。

おおらかな時代

少年院に入ってもまだ取調べはあり、茨城まで刑事さんが来ます。「お前のおかげで事件が収まった。次に来るときには土産を持ってくるよ。何がいい?」と聞くので、甘い物と答えると、次の取調べで板チョコを持ってきてくれて、「食べきれなかった分は靴下に隠せ。誰にも言わないから」と言ったりと、そんな時代でした。

なぜか警察官には可愛がられました。最初に逮捕された事件が、ヤクザに働かされ追い詰められていた仲間を救おうとしての暴力事件であったからかもしれません。白バイの警察官に「ここで待っていろ」と呼び止められ、待っていたら米を一〇キロもらい、出身の福島の話もしてくれました。「ガサ入れがあるから外出しておけ」と教えてくれた警察官や、「お前も定時制卒か。しんどくても頑張れよ」と、違反を見逃してくれた警察官もいました。個人の体験としては、司法もおおらかでした。

実績優先の弊害

「昔はよかった」で片づけてはいけませんが、かつての刑事司法には人の情のようなものがありました。けれど、世の中全体で抱いている「仏の顔も三度まで」や「お天道様が見ている」のような人情でなく、個人や組織の感情（事情）が入り込むときに、あるものが顔を覗かせます。とにかく逮捕して起訴する、「成果」を上げるのだという目標から出てきた勇み足や捏造です。

アメリカ大統領選挙でも、投票日間近に大きく取り上げられたヒラリー・クリントン氏の私用メール問題で、ＦＢＩの動きは不自然でした。小沢一郎氏が起訴された陸山会事件にも同じようなものを感じました。また、村木厚子さんは世の中で多くの人が知る「無実の人」ですが、村木さんを犯罪者に仕立て上げるという暴挙がなければ、村木さんは当時のポジションで、さらに価値のある仕事をなさったでしょう。だから「無罪になってよかった」で済ませることなく、目に見えない、けれども確かにあった大きなものが奪われたことを決して忘れてはならないと思います。

高校時代、野球部の下級生が上級生の暴力を告発しました。けれど、僕らの告発は学校側に隠蔽され、「告発」は「謀叛」にすり替えられ、僕は首謀者にされて、野球をさせてもらえなくなった経験があります。ほどなく、荒れた心で暴力事件を起こし高校も退学になり、夢見ていたプロ野球選手への道は断ち切られました。流れ着くように暴走族に入り短期間で数千人の総長に上りつめ、そして冒頭の事件に遭遇して罪名をもらい、少年院行きとなりました。

「不良をやったのだから、少年院くらい入っておくか」というくらいのもの。少年審判には親も同席していて、少年院送致が決定したとき、「やった！」と声をあげると、親は泣いていました。僕はすさみきっていたのです。

厳罰化への疑問

少年犯罪の厳罰化が役に立つとは思えません。不良時代に、凶器準備集合罪が暴走族にも適用されるようになり、共同危険行為（車やバイクの集団暴走）の取り締りも活発になりましたが、少年非行が減ることはありませんでした。酒鬼薔薇事件など、少年が大きな事件を起こすと、慌てた大人たちが、いろいろな会議を立ち上げます。そうしたなかでも「成果」を示そうとするのか、厳罰化などというものが謳われ始めたのだと思っています。

成果を上げるためにつくられた法律は社会に曳かれた「線」です。ハードルを想ってください。そのハードルを下げてもすべての非行に歯止めをかけることはできるわけもなく、まだ足りないのかと、今度は縦にも線（法律）を曳く。それは網目のように少年たちを包囲します。人間は生まれた瞬間から、自分でできることが増えていくことに喜びを感じます。法律の網目に取り囲まれて、息苦しさの中で、少年たちは手探りで伸ばした手を下ろし、あがいてでも前を向こうと見開いた目も閉じ、うつむく。非行少年の実態を見つめない大人が頭の中で考えたことでは子どもたちを救えません。

正反対のアクションですが、ゴルゴ松本さんが少年院を熱心に訪問して、「いのち」の授業をやっています。院生たちが笑いうなずき涙を流し聞いている。僕もＹｏｕＴｕｂｅで見て涙を流しました。僕もいつか、少年院で不良たちの話を聞き、自分の経験も話せたらと思います。演劇も観てほしい。

発想の転換が必要

自らがそうなるまで、「暴走族なんてクズだ」と言っていました。けれど自分が暴走族になってみれば、うつむいていたら大人や社会に負けを認めるように思えて、荒れた日々を送りました。仲間と群れていると、悔しさや不安、後悔や焦りなど、心の痛みを忘れられる瞬間があります。バイクで走り回っては、道行く人に嫌な顔をされることすら、「注目を浴びたぞ」と、しばし心の痛みを振り切ることができました。そして、無意識に一人になることを怖れ、いつまでも帰らない。いまでも、コンビニの前に集まり、家に帰ろうとしない少年たちを見かけます。あの頃の自分と同じ、何かに絡まってしまい、どうすればいいのかわからない子どもたちが肩寄せ合っている。そしてそこで悲劇が起こる。二〇一五年に川崎で起こった中一男子の死亡事件も同じような回路から生まれた哀しみであると思います。

どんなに少年法を改正しても、また、バブル期のように経済が潤ったとしても、落ちこぼれて世間に背を向け、大人には見えないところで、暗い目で社会を見つめる子どもたちの数はあるパーセンテージを保つでしょう。「その場その時」の対応(事情)で本質に蓋をし、成果だけを求めるというような考えは力を持たないのだと気づかぬ限り、世の中も刑事司法もよくなってはいかない。いま取調べの可視化が進められていますが、完全な可視化を実施し、実効力のある第三者機関をつくらなければ、何万時間話し合おうと刑事司法はよくなっていかないでしょう。警察官も検察官も人間であるから。

二〇一〇年、医療事故により業務上過失致死罪容疑で逮捕され、奈良県警で勾留中に死亡した医師のこと。勾留中に死亡したことを問題視した遺族が裁判を起こしましたが、報道では、医師の下半身にはかなりのアザが認められ、取調べの過程で暴力が振るわれたのではないかと言われています。取調べの可視化が部分的なものに留まる限り、この医師のようなケースは防ぐことはできないのではないでしょうか。「部分的」な可視化などというものは、これで可視化ですよ、という「解釈」の押し付けで乗り切ろうとしているだけのことです。

解釈という誤魔化しは、言葉から力を失わせ、世界をなし崩しにし、未来を想おうとする人の心を蝕んでいきます。

子どもたちに伝えたい

演劇をやってきたなかで、偏ったものの見方が物語を歪め、作品を表面的なものにシテシマウことを学びました。また、批判精神は必要であるが、非難は人の心のみずみずしさを奪うものでしかないということ。批判は「分析」であり非難は「感情」です。昨今のヘイトスピーチ、ヘイトクライムも憂えています。特定の集団に非難をぶつけるものだからです。規制する法律は作られましたが、お飾りの法律だけで止めることは難しいでしょう。ヘイトスピーチをする人たちを批判するだけでなく、社会全体で「自由」と「勝手」の違いを見つめる心を失わないようにしなくてはいけません。

僕が代表を務める劇団ＰＡＴＨＯＳ ＰＡＣＫでは、人と人とが手を繋ぎ、悲しみを乗り越えていく、人間の力を表現したいと公演を重ねています。日常「子どもにもわかる言葉」で物事を語ろうと思っていますが、大人だけでなく子どもにも観てほしい。児童養護施設の子どもたちに会うこともありますが、人間の寂しさや哀しみを知る子どもは、将来優しい大人になる切符を一枚持っているのだよ、と伝えています。

（1）警察官のなかには少年にある種の駆け引きを持ちかける者もいるが、原則として警察官の意見で審判決定が変わることはない。

宇梶剛士（うかじ　たかし）　一九六二年生。俳優。『ひとつ屋根の下2』（CX）、映画『お父さんのバックドロップ』、『ライアの祈り』など数々の作品に出演。劇団PATHOS PACKを主宰し、出演だけでなく、作・演出も手掛ける。著書に、自伝『不良品――オレは既製品じゃない！』（SB文庫、二〇〇五年）、『転んだら、どう起きる？――壁を打ち破る人生論』（大和書房、二〇〇六年）がある。

III 刑事司法への提言

裁判所が変われば大きく変わる

周防正行

刑事司法をテーマにした映画『それでもボクはやってない』を制作した時、いろいろな人から「日本の刑事司法はどこが悪いと思いますか」という質問を受けました。その時には、「裁判所が悪い」と答えていました。たとえば、日本の刑事裁判は調書裁判だとよく批判されますが、裁判所はまるで自分たちには関係ないという顔をしてきました。しかし結局、調書裁判をつくったのは裁判官自身じゃないか、と取材を通して強く感じたのです。これまで、調書をめぐって争いが生じた場合、裁判所は、概ね密室で作られた作文調書の任意性を認めるという判断をしてきました。そのために、捜査機関は、可視化もへったくれもなく、自白させてしまえば勝ちだとばかりに好き勝手にやってきたわけです。

それに対して裁判所が、検察官による調書の任意性立証に客観的な証拠を求めていれば、警察も検察も取調べのやり方、記録方法を考え直さなければいけない、ということになったはずです。被告人がいくら取調べの違法性を訴えても、取調官が否定すれば当然のように調書の任意性が認められていく。本当に裁判官は、密室での取調べで作られた作文調書に何の疑問も持たなかったのだろうか。裁判官が密室での取調べの危険性についてもう少し注意深くなるだけでも、刑事裁判は大きく変わるのではないか、と思っていました。

法制審議会（新時代の刑事司法制度特別部会）に出た時も、裁判官の委員の言葉に注意していました。すると、やはり裁判官は、いままでの自分たちのやり方は正しかった、という立場を崩さない。まるで調書裁判をつくったのは警察と検察であるかのような顔をして座っているわけです。そして、これからは「調書に争いがあればいままでのようには参りません」と釘を刺すのです。まるで、もう検察には騙されない、あるいは、検察と一緒に悪者にされてはたまらない、といったようなニュアンスを感じました。

私たちは、裁判所のやり方をもう少し批判的に見る必要があります。裁判所が変わるだけで、刑事司法はかなり良くなると思います。

裁判員制度のインパクト

裁判員制度が導入されたことで、裁判官は市民に裁判の原則を説明しなければならなくなりました。これは実はとても重要なことだと思います。

裁判官たちは悪人ではない、たぶん、皆、とても頭が良くて、真面目で、いい人たちです。ただ、これは裁判所だけではないですけど、組織の意向とか、組織のあり方とか、そういうものに従う。自分のいる組織の中で自分を認めてもらいたいという気持ちが、絶対にあると思うんですね。だから、社会正義とか、人権とか言っても、まずは自分の職場で自分の仕事を認めてもらえるかどうかが、すごく大事な問題になってしまう。

そうすると、〝ヒラメ裁判官〟という言葉があるように、最高裁事務総局の意向を忖度して判断することが出てくるだろう。だけど、そういう人でも、根はいい人ですから、裁判員裁判で、市民の前で「疑わしきは被告人の利益に」とはどういうことかを説明する、裁判官になってからいままで、そんな説明を誰かにしたことはない人たちが、裁判の素人である市民に繰り返し説明しなければならなくなる、という事情は何らかの影響を裁判官に与えると思うのです。

あるいはまた、量刑の目安となるデータを裁判員に見せるようになりました。裁判官というのは、本当に判例とか前例をとても大事にしている人たちで——それはある意味正しいと思うんですけど——それに対して裁判員たちから、「なぜ三年なんだ?」「なぜ一〇年なんだ?」「この人、刑務所に行ったらどうなるんですか」とか、非常に素朴な質問をぶつけられて、これまでの常識に揺さぶりをかけられるのではないか。裁判員裁判が始まらなければ、ずっと慣例に従って淡々と行われていたであろうことが、果たして適切なのかどうか社会的に点検される意味は大きい。

裁判員裁判は、批判する人もいるけれど、最高裁事務総局が事前に考えたものとは違うものになっているのではないか。最高裁事務総局は当初は裁判への市民参加に消極的でした。ところが「司法に対する国民の理解の増進とその信頼の向上に資する」という理屈で裁判員裁判を始めたわけです。決して、「広く市民の考えを裁判に反映させることでより公平で公正な裁判を実現する」ために始めたわけではないのです。

裁判員裁判でもっとも素晴らしいと思うのは、まさに裁判の素人が参加するということにあります。裁判員に選ばれた方の多くは、多分、「私に人なんか裁けるのだろうか。私が人を裁いていいのだろうか」という不安を持っておられると思うんです。裁判官は日々人を裁くことを職業としているのですから、人が人を裁くことへの畏れが薄れていかざるをえない人たちです。そこに「私に人なんか裁けるの?」という人たちの不安が持ち込まれることが、もっとも意味のあることなのだと思います。市民の持つ「人を裁くことへの畏れ」が、裁判官にも改めて人を裁くことの意味を問い直すことになるのではないでしょうか。

刑事司法制度改革がもたらすもの

このたび成立した刑事司法制度改革では、取調べの可視化に加えて、司法取引とか、通信傍受の拡大もあわせて導入されました。この二つについて懸念する声は当然あると思います。

まず司法取引に関していうと、実は法制審議会の場では、裁判所はあまり積極的ではありませんでした。法務省がこれをすごく欲しがっていて、押し切られる形となりました。一番心配されるのは、被疑者が司法取引に応じるまでの過程です。

ですから、本当は全事件の取調べが録音・録画されていなければいけない。司法取引に至る道筋が、一部ブラックボックスになっていたら、危険です。弁護士のみなさんには、司法取引に至るまでの密室での取調べの危険性について、強く訴えていってほしいです。

そして、法制審で裁判官は、司法取引があっての証言については、裁判所も非常に厳しい目で見ざるをえないと発言しました。いままでは司法取引があったのかどうか分からないなかで見てきたのが、これからは司法取引だと分かって見るわけだから、その供述の信用性判断はより厳しくなる、というのです。

法制審議会に参加していた一般有識者の中にも司法取引の法制化に賛成する意見がありました。その理由は、今も現に司法取引は行われていて、これまでは企業で起こる被害者のいない事件――贈収賄事件など――の場合には捕まった人間がたった一人で検察側が提示する司法取引の条件について判断をしなければならなかったのが、法制化されれば弁護士に相談できる。つまり、今は、密室で、弁護士のいない状況で司法取引を持ちかけられ、被疑者だけで判断しなければならない。そこに被疑者の権利を守る弁護士が入ってくれればどれだけ助かるか。

司法取引を法制化することは、被疑者のためになるのだと。

そういう考え方もあるのか、と思いました。結局、反対し続けることはできませんでした。

もう一つの通信傍受に関しては、「もう、すでに私たちは、積極的に監視社会を受け入れていはしないか?」と自問していました。いま街中に防犯カメラが設置され、それを私たち自身が強く求めているし、インターネットの世界では自ら情報をさらけ出す時代です。そのような中で通信傍受反対の論陣を張ることは難しく、個人的には監視社会は嫌だという思いはあっても、果たしてこの社会で生きる人たちの同意をえられるだろうか、という思いがありました。特に振り込め詐欺や児童ポルノの捜査などを入口に通信傍受の話し合いが行われたことも、強く反対しにくい理由になりました。何れにせよ、これから通信傍受がどのような形で行われていくか、注意深く見ていく必要があります。

裁判所をバックアップするために

法制審で思い知らされたのは、どんなに素晴らしい法律であっても、解釈と運用でどうにでもなってしまうということです。たとえば先ごろ出された今市事件の判決。まだ法律の施行前ですが、あれは、法制審議会で裁判官が言っていたこととぜんぜん違う。裁判官に裏切られたような心境です。法制審では一部録音・録画の危険性についてさんざん議論し、たとえば、死体遺棄で逮捕したとしても、当然殺人罪を見据えた逮捕であれば、取調べ全過程の録音・録画は必要だと裁判官は言っていました。それが今回、商標法違反で逮捕した被疑者を録音・録画せずに長時間取り調べ、その後殺人罪で逮捕した時、取調べの一部の録音・録画をしました。そして裁判官と裁判員はその一部だけを見て任意性を認めたのです。

録音録画媒体が事実上実質証拠となってしまったことに危機感を覚えます。公判中心主義はどこへ行ってしまったのでしょう。法制審でも、「取調べ及び供述調書への過度の依存からの脱却」がテーマの一つでした。ようするに調書裁判からの脱却がうたわれていたのです。にもかかわらず、今市事件では、長期間拘束されている被疑者の密室での取調べの供述態度を見て、有罪の決め手としたわけです。身柄拘束された状態での、捜査機関の一方的追及の中での自白です。それも、一部録音録画しかされていない取調べの全部を見たわけでもなく、一部録音録画のさらに一部だけを見て判断したのです。これでは、取調べでの一部の供述がすべてを決定するという「密室裁判」になってしまいます。およそ、直接主義、口頭主義、公開主義とは違う、新たな形の調書裁判、取調室裁判です。

それにしても本当に裁判官は、取調べの一部分を見て、供述の任意性や真偽が分かるなどと本気で考えているのでしょうか。

ここまでくると、裁判所には何も期待できなくなってしまいますが、この今市事件の一審の判決に上級審はどういう判断を下すのか注目したいです。

ここまで裁判所批判をしてきましたが、それでは、裁判所改革をどうするのか。それには、裁判官のつくり方をかえるしかないのだと思います。基本的には、裁かれる側に立ったことのない人が、裁く側に立ってはいけないと思います。法曹一元を目指すべきです。弁護士の経験があって、裁かれる側で裁判を経験したことのある人が、裁く側に立つような仕組みを導入しないと裁判は変わらないんじゃないか。すぐには無理なら、裁判官への任官希望者は、まずは一定期間、弁護士として働かなければならないといったようなルールを決めてもよいと思います。

あとは一般市民の意識です。ある元裁判官に、「無罪判決を出して、一番怒るのは市民だからね」と言われたことがあります。たぶん多くの人は、裁判所というのは悪い人を裁く場所だと思っている。また、裁判における真相というのは、私たちが一般的に考える真実とは違うということを、多くの人に理解してもらわなければいけない。刑事訴訟法に「事案の真相を明らかにし」と書いてありますけど、そこでいう真相とは、あくまでも裁判上の真相であって、神のみぞ知る真実ではない。その違いを理解する必要があります。「裁判は真実を明らかにする場所ではなく、証拠をもって被告人が有罪であるといえるのかどうかを判断する場所である」という認識が共有されるべきです。

改めて私たちは、裁判がどういうものなのかということを考えていかねばなりません。そのためには、法律家がもっと多くの人に分かる言葉で裁判について語らないといけないし、将来裁判員に選ばれる可能性もあるのだから、学校教育のなかで裁判員裁判のシステムばかりではなく、人が人を裁くことの意味・考え方、つまり裁判とは何かということについて、きちんと教え、議論していかなければいけないと思います。

周防正行(すお　まさゆき)　一九五六年生。映画監督。『それでもボクはやってない』(二〇〇七年)、『終の信託』(二〇一二年)ほか。

国民に検証可能な刑事司法を

江川紹子

この三〇年間の変化

一つひとつの事件や制度を見ていけば、問題はまだまだ山積している。本質的なところで全然変わっていないように見える事柄もある。けれども、私が刑事司法を取材対象としてきた、この三〇年間に、制度は大きな進化を見たことも、これまた事実である。

たとえば、逮捕された被疑者と弁護士の面会。私が取材を始めた頃、捜査機関の側が「その必要がある」とした被疑者に関しては、弁護人はわざわざ検察庁に出向いて、接見日時などを指定した〝面会切符〟なる書面をもらわないと、接見できなかった。

これに対し、全国の弁護士たちが裁判を起こし、批判の声を挙げた。判決は、必ずしも弁護士の主張を認めるものばかりではなかったが、そうした戦いが当局の姿勢を変えた。〝面会切符〟は過去のものとなり、弁護人による接見状況は、飛躍的に改善した。

一部の事件とはいえ、捜査の全過程での取調べの録音・録画が義務付けられたことも画期的な変化だ。これは、暴力や不適切な取調べを抑止するのみならず、刑事司法のあらゆる過程に関わる人たちの意識や価値観、つまり刑事司法の文化を変えるきっかけにもなりうると思う。

依然として変わらぬ再審の壁

このように、様々な人の努力が現実を少しずつ変えてきた。そんな中で、なかなか変わらないのが、冤罪を訴え、裁判のやり直しを求める再審請求に対する裁判所の対応である。

再審が開かれ、無罪が言い渡された事件は、むろんある。ただ、それは足利事件、東電ＯＬ殺害事件のように、ＤＮＡ鑑定で犯人が別人であることが証明されたり、氷見事件のように真犯人が捕まったり、あるいは大阪・東住吉事件のように、判決で認定された犯行が、およそありえないことを立証するなど、限りなく無実が証明されたケースだ。

証拠の性質上、そのような無罪証明ができない事件では、再審の扉は依然として固く閉ざされている。長年、名張毒ぶどう酒事件の再審請求の過程を見てきて、裁判官の腰は、象よりも、クジラよりも、いや地球そのものより重い、と感じた。

どうしてそうなるのか。

私は、裁判官たちが確定判決に問題はないか、という視点から証拠を見ようとするのではなく、再審を開かずに済む理由を懸命に探しているからだと思う。

再審を開かせないために、弁護人の反証によって証拠としての価値がボロボロになった有罪方向の証拠に、何が何でもしがみつく。検察側すら主張していない化学反応を、裁判官の頭の中で作り上げさえする。名張事件では、そんな決定を何度も読まされた。

すべての裁判官がそうだとは言わない。名張事件第七次再審請求審を担当した名古屋高裁第一刑事部（小出錞一裁判長）は、弁護側の出した証拠を虚心坦懐に受け止め、奥西勝さん以外の人が毒物を入れる機会を否定できないとして、再審開始決定を出した。この判決は、「Aであり、Bであり……だからC」という素直な論法で、私のような素人にも非常に読みやすい。

しかし、再審が開かれるには、こうしたまともな裁判体に当たる幸運だけでは十分でない。検察官の異議申立を受けた裁判所も、同様に稀有な対応をするという奇跡のような僥倖が必要になる。

案の定、小出コートの再審開始決定は、異議審の名古屋高裁第二刑事部（門野博裁判長）でひっくり返された。弁護側の特別抗告で、いったんは高裁に差し戻されたが、再び名古屋高裁（下山保男裁判長）が再審不開始を決め、最高裁（櫻井龍子裁判長）はそれを追認した。

これらの裁判体が出した決定は、「AであるからといってBでないとは必ずしも言えない」といった二重否定など、理解しにくい悪文が多い。それを無理やり読みながら、裁判官というのは、無実の人を罰してしまうことへの恐れが、なぜかくも希薄なのだろうかと思った。おそらく裁判官の多くにとっては、囚われた人の人権や人生、あるいは間違いは正されるべきとの正義より、「裁判所は間違わない」といった無謬神話や、確定判決の効力を維持し続ける「法的安定性」の維持の方が重要なのだ。

それは、主権者たる国民が、司法に求めていることなのだろうか。

私は、違う、と思う。「法的安定性」が重要ではない、などと言うつもりはないが、そちらに偏りすぎて、人権侵害や不正義が放置されている状況は、国民が求めていることではないだろうし、是正が必要だ。

再審にも国民の関与を

けれども、裁判官たちの硬直した価値観は、容易には変わりそうもない。そうであれば、再審開始の是非を決めるプロセスに、裁判官以外の人たち、すなわち国民が関与していくしかないのではないか。

一定の重要事件の第一審に関しては、裁判員として国民が関わるようになった。再審請求審も、職業裁判官だけで決めるのではなく、国民が関与して行うことを、私は強く提案したい。具体的には、①再審請求審を裁判員裁判で行う。弁護側と検察側が書面をやりとりして、主張が出そろったところで、裁判員を招集し、その面前で双方が口頭で主張を述べ合い、証人尋問などを行うようにすれば、それほど長期に裁判員を拘束することはない。②主張のプレゼンテーションや証人尋問などの手続きは公開し、再審請求審を国民の目に見えるようにする。③当該事件が現行法の下で裁かれるのであれば開示されるはずの証拠は、再審請求があった時点で弁護側に開示する――などを実現してもらいたい。

裁判員法は、制度導入の意義を「司法に対する国民の理解の増進とその信頼の向上」としている。裁判所が過去の誤った裁判はきちんと正していくこと、その作業に国民自身が関わることもまた、司法への国民の「理解と信頼」の増進・向上に寄与するに違いない。

現実の裁判員裁判を見ていれば、必ずしも楽観はできない。裁判員も間違うことはある。それでも、司法の無謬神話とは無縁だろうから、今より救われる冤罪被害者は増えるのではないか。

後退する国民への公開度

再審請求審のありかたとは別に、もう一つ指摘しておきたいことがある。それは、刑事司法は法曹三者だけのものではないのであって、その手続きは、国民がいつでも検証できるものにしておかなければならない、という点だ。

憲法では、裁判の公開原則が定められていて、傍聴が可能になっている。しかし、傍聴には時間的にも空間的にも制約がある。裁判が開かれている時間帯は仕事があるとか、裁判所に行ったけれど傍聴券の抽選に外れてしまったなど、必要性を感じる人がすべて傍聴できるとは限らない。それに、傍聴できたとしても、証拠提出される調書類などは、内容がすべて読み上げられるわけではない。検察官の要旨告知が、「被告人が一連の犯行を認めた調書」など、極めて簡略化されることも少なくない。そのため、内容を確認するには、裁判記録にあたる必要が出てくる。

また、すでに判決が確定した後に、その裁判の経緯を確かめたい、ということもある。再審請求事件の場合もそうだが、過去の事件を検証し直したいと思えば、裁判の記録を読むしかない。

ところが、刑事司法が様々な面で進化しつつあるというのに、国民による裁判の検証可能性については、日本はどんどん後退しているのが現実だ。

たとえば、裁判が確定した後の一件記録の扱い。刑事訴訟法は、「何人も、被告事件の終結後、訴訟記録を閲覧することができる」という原則を示している。ところが、一九八七(昭和六二)年に刑事確定訴訟記録法ができて、閲覧をさせない場合がたくさん列挙されてからは、原則と例外が逆転した。確定後三年過ぎた事件の記録は見せない。期間内であっても、「公の秩序又は善良の風俗を害することとなるおそれ」「犯人の改善及び更生を著しく妨げることとなるおそれ」「関係人の名誉又は生活の平穏を著しく害することとなるおそれ」など、様々な「おそれ」を理由に、閲覧不許可とできるようになったからだ。

閲覧を許可した場合でも、人名はすでに報道されている被害者名も含めて、すべて黒塗りされる。兄弟げんかの末に一方が他方を死なせてしまった、という事件の記録を閲覧した際には、本当に驚いた。弟が兄の顔を殴って歯が折れたことを裏付ける実況見分調書で、落ちていた歯にまでマスキングがかかっていたのだ。歯にもプライバシーがあるというのだろうか?

住所や電話番号などはともかく、公開の法廷で出されていた名前も、証言速記録ではすべて黒塗りしてしまう措置を、どう考えるべきなのだろうか。閲覧者が、関係者のプライバシーを侵害したり、名誉を毀損するような行為をした際に、それにペナルティを科すというなら分かる。しかし、そのような事態が起きるかもしれない「おそれ」があるからと、証人尋問や被告人質問など、法廷という最も公的な場所で行われた記録に広く制限をかけ、そのままの形で閲覧させない、あるいは閲覧を許さず、司法作用のチェックを国民に許さないという制度は間違っていると私は思う。果たして、先進諸国でそのような対応をしている国が、他にあるのだろうか。

二〇一六年に日本でも公開された『スポットライト』というアメリカ映画がある。何十人もの神父たちによる児童への性的虐待をカソリック教会が組織ぐるみで隠蔽していた事実を、ボストン・グローブ紙が暴いたスクープに至るまでの記者の活動を描いたノンフィクションだ。同紙の記事をきっかけに、その後世界各地で同様の被害があったことが明るみに出る。被害者も多く、教会の構造的な問題を暴き出した、極めて公共性の高い報道だった。

記者たちの当事者への粘り強い取材に加え、過去の裁判に提出された証拠の文書が決定的な事実を明らかにした。記者は、裁判所に保管されている記録を閲覧しようと、裁判官に請求をした。当初は「かなり機密性が高い記録だが」とためらった裁判官だが、「この記録はパブリックなものです」と言う記者の言葉に頷いて、閲覧を認める。

そう、裁判記録は基本的にパブリック(公的な、公開された)ものであるはずなのだ。ああ、それなのに日本では……。

さらに、二〇〇四(平成一六)年の刑事訴訟法改正で、検察側が開示した証拠を、被告人や弁護人が審理の準備以外の目的で人に交付、提示することなどを全面的に禁止した。被告人に至っては、刑事罰まである。

それまでは、私のようなジャーナリストは、弁護人や当事者に記録を見せて貰い、検察側の証拠も確認したうえで、判断し、書くことができた。名張毒ぶどう酒事件について本を書いた時は、原審のすべての記録を読んだ上で、現地取材を行った。弁護人の主張を鵜呑みするのではなく、検察や裁判所の判断を信じ込むのではなく、自分の目で原典を確認する。そんな当たり前のことを行い、裁判所の判断を検証することも、もはやできなくなった。

あるいは、冤罪を訴えている人が、支援者の理解を得るために、検察の証拠を活用することも、難しくなった。

このように、刑事裁判の記録や資料への公民のアクセスを拒み、司法を検証しにくくしておいて、「司法に対する国民の理解の増進とその信頼の向上」を求めるのは、全く矛盾している。裁判員制度は、国民を信頼して作られた制度のはずだが、その国民を全く信用していないのが、刑事確定訴訟記録法や刑事訴訟法の規定である。早急に改善を求めたい。

江川紹子(えがわ　しょうこ)　一九五八年生まれ。フリージャーナリスト。『勇気ってなんだろう』(岩波ジュニア新書、二〇〇九年)、『名張毒ぶどう酒殺人事件』(岩波現代文庫、二〇一一年)ほか。

「明日は我が身」と思えるか——志布志事件の取材を経験して

大久保真紀

真夏の空がピンク色に染まった。

二〇一六年八月一七日の朝。鹿児島県志布志市志布志町の青空に三発の花火が打ち上げられた。鹿児島県議選に絡んで一三人が公職選挙法違反の罪に問われたいわゆる「志布志事件」で、起訴されなかったものの、長時間にわたる強引な事情聴取でウソの自白を強要されるなどした住民たちが起こした損害賠償請求訴訟で、福岡高裁宮崎支部での勝訴判決の確定を受けた「祝砲」だった。前日に、取調べの違法性を認め、県に賠償金の支払いを命じた控訴審判決について、県警が上告をしないと発表。長い闘いに終止符が打たれた。

志布志事件は、二〇〇三年の鹿児島県議選で初当選した県議が四回の買収会合を開き、計一九一万円を配って投票依頼をしたとして一五人が逮捕、一三人が起訴された事件だ。逮捕・起訴された人以外に多くの住民が強引な取調べを受け、ウソの供述を強要されるなどした。一三人が公職選挙法違反の罪に問われた刑事裁判では、捜査段階で「自白」した六人が裁判途中で否認に転じ、被告全員の無罪が二〇〇七年に言い渡された(そのまま確定)。民事では、元被告や起訴されなかった住民が強引な取調べで精神的な苦痛を受けたとして県や国に損害賠償を求める訴訟を起こしたほか、被告との接見内容が調書化され、接見交通権を侵害されたとして弁護士一一人が国と県を提訴するなどした。志布志事件にからむ裁判は刑事、民事合わせて六つにのぼるが、二〇一六年八月の県警の上告断念で、すべての裁判で住民側に軍配があがる結果となった。

三発の花火は、長い闘いのひとつの区切りとして、住民たちが上げたものだ。勝訴が確定した原告や支援者らが、はれやかな表情で真夏の空を見上げた。

私は二〇〇六年に朝日新聞鹿児島総局にデスクとして赴任し、この事件に出会った。以来、刑事司法を専門分野とするわけでもないのに、その後記者に戻ってからも、一〇年にもわたってこの事件を追いかけることになるのは、二一世紀のこの現代社会で、こんなことが起こるのかという驚きと怒り、そして、何の罪も犯していない住民たちの身に降りかかってきたことは決してひとごとではないと感じたからだ。

正直なところ、私自身当初は、取調べを受けた人がやってもいないことをやったと自白してしまうことについて、深く理解していたとはいえない。恥を忍んで言えば、この事件と出会うまでは、「なぜやってもいないことをやったと言ってしまうのだろう」ぐらいにしか考えていなかった。たぶん、世の中の多くの人も「自分ならやっていないことをやったとは言わない」と思っているのではないだろうか。しかし、志布志事件で取調べを受けた元被告や住民たちの話を聞き、また、捜査側の心ある関係者から取調べの実態を教えてもらうと、自分自身が同じような状況に置かれたとき、虚偽の自白をしないで貫き通すことができるか自信はない。

そもそも志布志事件では、四回の買収会合が開かれたとして一三人が起訴されたが、会合は一回も開かれていない。存在しない会合でオードブルが振る舞われ、金が配られたとされた。その架空の会合で、「金を受け取った」と自白した人が六人もいた。通常、冤罪事件があったとしても事件そのものは存在することがほとんどだ。

筋を読み違えたり、証拠を見誤ったりして、犯人を取り違えるというケースだ。大阪・東住吉事件では、犯罪ではない事実を犯罪として「容疑者」を摘発してしまった。この場合はひとりの女の子が亡くなったという事実はあった。どんな冤罪も許されることではない。ただ、人間のすることに間違いはつきもので、百歩譲って過ちが起こる可能性は否定できない。しかし、志布志事件の場合は、事件そのものがない、捜査権力による「でっち上げ」だった。

捜査権力による「でっち上げ」事件という特殊性はあるものの、志布志事件とほかの冤罪事件には、共通する点がいくつもある。志布志事件では警察は、他人に迎合しやすい弱い特性のある住民を長時間にわたって勾留し、取り調べて虚偽の供述を引き出し、その調書をもとに他の住民たちを責め、買収会合事件を作り上げていった。狙われた住民たちは、鹿児島県と宮崎県の県境にある山間の小さな集落に住む人たちで、中には小学校も出ていないお年寄りもいた。警察を「正義の味方」と信じ、弁護士の役割や任意の取調べと強制捜査の違いも知らない、無垢な人たちだった。知的障害者など弱い立場にある人たちが取調べに対して迎合しやすい性質があることは最近でこそ知られてきたが、志布志事件ではまさにこうした弱い立場の人たちに対する配慮を欠いた取調べが行われた。

取調べ時間も尋常ではなかった。「自白」して被告とされた六人の平均の取調べ時間は、弁護団によると、一人平均五六〇時間を超える。最も長かった元被告は七三七時間にも及んだ。体調を崩そうが、救急車で運ばれようが、容赦なく取調べは続いた。いつ終わるともわからない取調べを受ける苦しさから自殺を図った人も複数いる。

一方で、自白をしないと、勾留が続いた。いわゆる「人質司法」だ。元被告たちに対しては、一年を超す長期勾留や度重なる接見禁止下での事情聴取が行われた。これらを許可したのは、裁判所だ。

志布志事件で身柄を拘束された元被告一二人は、裁判で起訴事実を認めた「自白組」と、認めなかった「否認組」で保釈の時期が大きく異なった。公判当初に起訴事実を認めた三人の勾留日数はそれぞれ八七日、一〇一日、一一五日だったが、ほかの九人はみな一四二日以上で、四人が一八〇日を超え、主犯とされた元県議は三九五日、元県議の妻は二七三日も勾留された。しかも、物証はなく、こうした長期の勾留、長時間の取調べで得られた「自白」調書が証拠とされた。自白偏重の証拠調べは、冤罪事件の典型だ。

被告全員に無罪を言い渡した二〇〇七年二月の鹿児島地裁判決は、追及的・強圧的な取調べがあったことをうかがわせるとして、自白の信用性に疑問があるとした。客観的証拠が提出されておらず、買収に使われたとされる金の原資が解明されていないことやアリバイが成立することも認めた。無実の人たちにきちんと無罪判決を言い渡したという意味では評価できる判決だが、裁判所は自白の信用性の前に、その任意性を認めている。

元被告らが起こした損害賠償請求訴訟では、鹿児島地裁は二〇一五年、県警が元被告たちに虚偽の自白をさせたことを認定したほか、体調不良を訴えた元被告たちへの強引な取調べは「社会通念上許されない」と違法性を認めた。地検に対しても、全員が否認に転じた後も漫然と起訴、勾留を続け、職務上の注意義務を怠った過失があるほか、弁護士との接見内容を聞き出して調書化したことも弁護を受ける権利の侵害で違法と判断した。また、別の損害賠償請求訴訟でも、起訴されなかった住民に対しての、親族の名前などを書いた紙を無理やり踏ませる「踏み字」や、外に向かって大声で叫ばせたり、「外道」などの言葉を投げつけたりした取調べについて、裁判所はそれぞれに違法性を認め、損害賠償金の支払いを命じた。

すべての裁判で住民側が勝利したが、それまでには一三年余という時間がかかった。その間、元被告のほとんどは職場を追われ、世間から白い目を向けられた。子どもが地元の就職をあきらめた人もいる。また、体調を崩して救急車で運ばれた人も多かった。その後亡くなった人や、起訴されたことを恥じた息子と音信不通になった元被告もいる。逮捕も起訴もされなかったが、警察官を見ただけで体が震えるなどの心的外傷後ストレス障害（ＰＴＳＤ）に苦しんだ住民もいる。失ったもの、苦しんだ日々の体験は小さくない。

二〇一六年八月、冒頭に書いた福岡高裁宮崎支部の控訴審判決で勝訴し、志布志事件の中では、最後に訴えが認められる形になった浜野博さん（七八）は、事件から一三年、提訴から一〇年の日々を振り返り、「いまはやっと肩の荷が下りた」と言う。もらってもいない二〇万円を受け取り、八人に一万円ずつ配ったというウソの供述を強要された。認めなければ、妻を調べると迫られた。それまでの警察の取調べで心身ともに疲弊しきっていた妻を守るために応じた。しかし、何の罪もない人の名前をあげ、虚偽の自白をしたことを悔い、自殺まで考えた。裁判で自らの訴えが認められたことはうれしいが、苦しんだ日々の「心の傷は癒やされていない」とも話す。

裁判員裁判の対象事件について、被疑者の取調べの全過程の録音・録画（可視化）を義務づける改正刑事訴訟法が二〇一六年五月に成立した。一〇月一日からは全国の警察で試行が始まった。取調べの可視化は、志布志事件などの冤罪事件の反省をもとに始まった議論だったが、今回義務化される可視化の対象は、全事件の三％にも満たない裁判員裁判事件などだ。志布志事件は対象外だ。しかも、可視化されるのは逮捕後で、逮捕されていない段階での取調べについては義務化の対象にはなっていない。

志布志事件の元被告や浜野さんらは「任意の事情聴取」という名のもとで、連日のように強制的に連行され、

「任意の取調べ」の中で、虚偽の自白を強要された。みな「任意の取調べ」の段階で「自白」している。こうした事実をどう受け止めているのか。取調べの可視化が限定された形でしか導入されない一方で、改正法には司法取引や通信傍受の拡大が盛り込まれた。逆に冤罪事件が増えるのではないかとの危惧さえ感じるのは私だけだろうか。志布志事件を取材した経験から言うと、全事件での任意の段階からの取調べの可視化はもちろんだが、任意の取調べや長期勾留、長時間の取調べのあり方を根本から見直すことも欠かせないと思う。

冤罪事件の被害者たちの身に何が起こったのか、どういう状況で冤罪事件が起こったのか。もっと真摯に、もっと真剣に、私たちは自分のこととして考えるべきだ。そうした事件を二度と起こさないために、冤罪の被害者を二度と出さないために、必要なことは何なのか。そのことを本当に真剣に考えている人が、どれだけいるのだろうかと思わずにはいられない。為政者や国の政策をつくる人たちは、自分は「被害者にはならない」とたかをくくっているのかもしれない。同じような冤罪事件が繰り返されている歴史を見れば、明日は我が身の問題であることを自覚するべきだ。そうした想像力をもつことが、私たちに一番必要なことではないだろうか。過去から学べない社会に、未来はない。

大久保真紀（おおくぼ　まき）　朝日新聞編集委員（社会部）。一九六三年生。『買われる子どもたち』（明石書店、一九九七年）、『中国残留日本人』（高文研、二〇〇六年）、『虚罪』（共著、岩波書店、二〇〇九年）ほか。

まず隗《かい》より始めよ

前田恒彦

検察における「えん罪」の定義

「えん罪」とは何か――。検察はこの言葉の定義にこだわる。

逮捕・勾留され、長々と続く裁判手続に縛り付けられ、闇夜に針の穴を通すような苦労を経てようやく無罪判決を受けた当事者からすると、当然ながら「えん罪」の被害を受けたと思うことだろう。

しかし、検察はこうした認識と異なり、「えん罪」を「様々な客観証拠から無実であることが明らかな人が罪に問われた場合」とごく狭くとらえている。

「有罪に傾く証拠はあるが、裁判所による証拠の評価の結果、無罪となった」といったケースなど、全く「えん罪」だと見ていない。

その意味で、確かに氷見事件や足利事件は検察も正面から「えん罪」だと認めているが、東電ＯＬ殺人事件や布川事件、東住吉放火殺人事件といった著名な再審無罪事件はもちろん、私が主任検事を務めた厚労省虚偽証明書事件ですら、「えん罪」だと認めていない。

〝問題判決〟への対応

検察では、無罪や量刑が軽すぎるなど検察から見て〝問題判決〟が出ると、控訴や上告の是非を判断する際、捜査・公判のどこに問題があったのか、といった分析をしている。

ただ、起訴も公判遂行も主任検事一人の判断で全てが決せられるわけではなく、複数の幹部による決裁を経ているし、事案によっては上級庁も判断に関与しているので、どうしても責任が分散化されてしまう。

捜査から判決まで時間が経過しているから、順送り人事が常の検察では歴代の担当者が他庁などで一層ポジションの高い立場となっており、正面切って彼らを批判しにくい面もある。

特に再審無罪事件のように長い年月がかかった事案だと、捜査・公判段階における担当検事や決裁官らも既に退官して弁護士登録をしている者も多く、中には高検や地検のトップを務め上げて退職し、叙勲を受けている者もいる。

検察による内部検証も、しょせん過去の話にすぎない上、他人ごとだと軽く考えがちであり、どうしても限界がある。

この結果、最終的には、「自分たちの事件に対する見立ては間違っておらず、起訴をしたり裁判を続けたこと自体は問題なかった。もし別の裁判官が担当したら、結論が変わっていたかもしれない」とか、「捜査・公判段階ではその時点でのベストを尽くしたが、振り返ってみると、確かに捜査の一部に足らない部分があったり、もっと公判で立証を尽くすべき点もあった」といった、深みのない反省で終わってしまう。

事案ごとの反省点がその後に十分生かされないまま日々の実務が忙しく行われているので、〝問題判決〟を見比べると、捜査・公判の不備はどれも似通ったものとなっており、同じような失敗が何度も繰り返されていることが分かる。

「無罪にはなったが、無実ではなく、本当は犯人に間違いないんだ」などと一種の信仰のように信じ続け、これが頭の中から消えてなくならないから、真犯人を探すことはおろか、事件の真相究明や関係者の責任追及に向けた再捜査を行うこともない。

無罪判決確定後の検察幹部のコメントも、「結果として長期間身柄拘束をしたことについては、遺憾である」というのがお決まりのパターンだ。

捜査や公判当時の対応には何ら問題などなかった、というスタンスを死守せざるを得ないから、あえて「結果として」という五文字を差し込むわけだ。

先ほど挙げた足利事件などの場合も、無罪判決後に検察内部で行われた検証は上辺だけのものにとどまっていたし、我が事のように省みて、反省点を血肉とした検察官などいなかった。

引き返せない検察、特に検察官の上訴権

検察が引き返せない理由は、多岐にわたる。

無罪推定原則があるにもかかわらず、何か事件が起きると、マスコミも国民も、捜査当局が狙いをつけた被疑者を真犯人だと決めつける。

その上で、黙秘権が保障されているにもかかわらず、それこそ被疑者本人しか分からず、自白によってしか真実が明らかとならないはずの動機や背景事情を追い求めるところに関心が向いてしまう。

捜査当局のリークによって形成された面もあるとは言え、そうした世論を背景にしているという自負も、検察のおごりを助長させている。

ただ、わが国の刑事司法制度の枠組みの中で、簡単には引き返せないという検察の姿勢を一層助長しているのが、無罪などの〝問題判決〟に対し、検察官による控訴や上告が認められているという点だ。

再審開始決定に対して即時抗告が認められているという点も同様だ。

どんなに当選確率が低い宝くじも買わなければ絶対に当選しないように、控訴や上告をしなければ事件は確定して終わりとなり、他方、上訴すれば逆転有罪の可能性が残される。

証拠は誰がどの角度から見るかによって導き出される結論も変わる。

特に高裁は新たに請求した証拠の採否などに対して検察に甘く、被告・弁護側に厳しいのが一般なので、宝くじを買うよりはるかに確率が高い。

結果が控訴棄却や上告棄却となっても、控訴・上告したことで責任が検察内で分散化されるし、問題点の究明や反省、責任追及を先送りにすることもできる。

いくら憲法の「二重の危険禁止原則」に基づいて検察官控訴・上告制度が違憲だと主張しても、実務はこれを合憲とした一九五〇年の最高裁判例に従い、長年この制度で動いているわけで、この判例が変わらない限り、検察にとっては「外野の遠吠え」にしか聞こえない。

検察も、別の裁判官に二度三度と審理してもらうチャンスが与えられているわけだから、そう簡単には引き返せないわけだ。

まずは弁護士がイニシアチブを取る事件から

この点、日本弁護士連合会や刑事弁護に熱心に取り組む弁護士らは、検察に対し、手持ちの証拠を起訴後全て被告・弁護側に開示しろと強く主張するとともに、無罪判決に対して検察が控訴や上告することを厳しく批判してきた。

しかし、検察はそんな主張や批判など全く聞く耳を持っていない。

そこで、まずは検察審査会の議決を経た強制起訴事件や、付審判請求事件から率先して全面証拠開示や無罪判決に対する上訴権放棄を行い、刑事司法手続ではそうした運用こそが当たり前だ、という流れを作ったらどうだろうか。

いずれも弁護士が検察官役を務め、イニシアチブを取る事件だからだ。

もともと社会が注目し、マスコミも大々的に報道する事件なので、インパクトも大きいだろう。

被告人が裁判手続に拘束され続け、多大な時間と労力を奪われ、肉体的・精神的ストレスを与えられ、経済的負担を強いられるという点では、いかなる罪名の事件であっても、どれだけ卑劣かつ悪質に見えるような事件であっても、どのような経緯で起訴された事件であっても、全く同じであるはずだ。

同様に、市民に比べて圧倒的優位にある国家権力が市民を裁判にかけ、手にした証拠で現行の刑罰法規に基づいて有罪を得るチャンスは一度(一審裁判)に限るべきであるとか、市民の側が自ら無実であることを立証し、疑惑を晴らす必要などない、という理屈も、あらゆる事件に当てはまる話であるはずだ。

陸山会事件や明石歩道橋事件、JR福知山線事件、鹿児島準強姦事件などを例に挙げるまでもなく、なぜ立場が変わると検察官役の指定弁護士は税金で集めた「公共の財産」であるはずの証拠の「現物」を起訴後直ちに全て被告・弁護側に開示せず、かつ、無罪判決に対して控訴や上告をするのか。

なぜ日弁連や各地の弁護士会は、会長声明を出すなどして指定弁護士のそうした活動を正面から批判しないのか。

これでは、「自分たちが普段からやっていることは指定弁護士と同じく国民の後押しを受けたものであり、正しいことだ」などと、検察に変な自信や付け入る隙を与えるような気がしてならない。

現に検察からは、そうした声が漏れ聞こえてきている状況だ。

説得力を欠くダブルスタンダード

また、無罪判決が出ると、一部マスコミやジャーナリスト、弁護士らから、「関係者の供述のみに依拠し、捜査段階から一貫して無実を主張する被告人の弁解には全く耳を傾けようとせず、処罰感情に基づく一方的な思い込みでストーリーを描き、これに固執して引き返そうとせず、控訴や上告で最後まで被告人を苦しめ続けた」といったパターンの批判が必ず巻き起こる。

これも、なぜ検察審査会の強制起訴事件における無罪だと、そうした批判をせず、皆一斉に「黙して語らず」になるのか、不思議でならない。

無罪判決確定後の救済策や名誉回復措置など何ら用意されていないし、それこそ国賠訴訟でも起こそうものなら、新たなバッシングが強く予想され、半ば泣き寝入りするほかないからだ。

では、彼らは「えん罪」の被害者ではない、というのか。

「えん罪」か否かを区別する線を、誰が、どのような基準によって、どこに引くのか。

冒頭で挙げた「えん罪」とは何か、という定義に関する問題にまで遡って考える必要があるのではなかろうか。

前田恒彦（まえだ　つねひこ）　一九六七年生。元大阪地検特捜部主任検事。厚労省虚偽証明書事件の証拠改ざん容疑で逮捕・起訴される。現在、インターネット上で刑事司法に関する解説や主張を独自の視点で発信している。

「日本版司法取引」の導入は本当に大丈夫か？

郷原信郎

いわゆる「日本版司法取引」、被疑者・被告人が、他人の犯罪事実を明らかにするための捜査・公判への協力を行う見返りに、検察官が、その裁量の範囲内で一定の処分又は量刑上の恩典を提供することを合意する「捜査公判協力型協議・合意制度」(以下、「協議合意制度」)を含む刑事訴訟法改正案が、二〇一六年六月に成立し、同制度は、二〇一八年六月までに施行される予定となっている。

検察官と被疑者・被告人との間で、他人の犯罪事実を明らかにするための供述を行わせるために、当該被疑者・被告人を不起訴処分にしたり求刑を軽くしたりする「司法取引」が、日本の刑事司法に導入されることになったのである。

実は、日本では、これまで正式な「司法取引」の制度はなかったが、不透明な「事実上の司法取引」が行われる余地はあった。

公訴権を独占し、訴追裁量権を有する検察官は、犯罪事実が認められる場合でも、不起訴処分(起訴猶予)にすることが可能であり、検察独自捜査においては、犯罪事実を認知した場合でも、捜査の対象にするかどうかは検察官の判断に委ねられる。

そのような捜査の対象に関する裁量権や訴追裁量権を背景に、従来から、特捜部等が行う検察独自捜査や、検察主導の捜査において、検察官と被疑者や弁護人との間で、検察官が捜査・処理に関して被疑者に有利な裁量を働かせることで、被疑者から、他人の刑事事件についての供述を引き出す「事実上の司法取引」が、相当程度行われてきた。そのような「事実上の司法取引」は、被疑者・被告人と検察官との間で直接行われるのではなく、検察に対して極めて協力的な弁護活動を行う検察ＯＢの弁護士（いわゆる「ヤメ検」）が両者の間に入って、「事実上の司法取引」を成立させることが多かった。弁護士が介在していることから、そのような「取引」の存在は、公判等で問題にされることも少なく、ましてやその存在が明らかになることもほとんどなかった。

「協議合意制度」は、それを、透明な形で、正式の制度として導入し、供述者に処罰の軽減の恩典を与えることで供述の動機づけを行おうとするものだ。それによって、不透明な「事実上の司法取引」が行われなくなるのであれば、制度の導入は、刑事司法に新たな証拠収集・立証の枠組みをもたらすものとして大きな意義を持つものとなろう。

しかし、一方で、検察官の運用如何によっては、かかる制度の導入が大きな危険もはらんでいることを忘れてはならない。

国会審議の中でも、協議合意制度の最大の問題とされたのが、自分の罪を免れ、或いは軽減してもらう目的で行われる「虚偽供述」によって、無実の人間の「引き込み」が起きる危険だった。

そこでは、自己の処罰の軽減を目的とする「意図的な虚偽供述」が疑われ、それが刑事裁判における重要な争点になる。そこで、このような場合に、その供述の信用性をどう見極めるかが重要となる。

ここで重要なことは、「意図的な虚偽供述であるか否か」が争点となる場合、供述の信用性について、従来から行われてきた「一般的な供述の信用性の評価」だけでは不十分だということだ。

従来は、刑事裁判では、「関係証拠と符合している」「供述内容が具体的、合理的で自然である」などが信用性を裏付ける要素とされ、公判証言もそれらを根拠に証言の信用性が認められ、刑事裁判の事実認定の根拠とされるのが通例であった。

しかし、協議合意制度導入後の「合意供述」のように「意図的に虚偽供述する動機」がある場合には、そのような従来の信用性評価は必ずしも妥当しない。

自己の処罰を軽減するために「意図的な虚偽供述」を行う者は、まず捜査機関側に自らの供述を信用させる必要があり、一般的には信用性が高いと思われるような証言を必死に作り上げる可能性があるからである。「供述の信用性」の評価要素が、供述者によって作り上げられる、つまり意図的に「信用性の作出」が行われる恐れがある。

その供述者から聴取する立場の警察官や検察官の側も、当初は、そのような供述に対して意図的な虚偽供述か否かを慎重に見極めつつ対応しようとするであろう。しかし、一旦、その供述が信用できるものと考え、それを活用して捜査を進展させようと判断し、供述者との協議合意が成立した場合、その時点以降は、捜査の進展、当該事件の起訴に向けて、供述者と同様に「信用性の作出」を行おうとすることになる。「他人の刑事事件」が起訴された後も、証人尋問の準備の段階では、供述の信用性が裁判所に認められるよう最大限の努力を行うことになる。

こうした局面においては、供述者側と警察官・検察官側が共同して、「供述の信用性」を作出することが考えられる。その場合、従来のような「供述の具体性・合理性、関係証拠との整合性」等のような信用性を認める要素は、供述者と、警察官、検察官の共同作業によって容易に作出することができる。したがって、「意図的な虚偽供述の疑い」がある場合には、従来のような信用性を認める要素が存在していても、それだけで供述が信用できると判断することはできない。

このように、「意図的な虚偽供述の疑い」がある場合に、その供述が本当に信用できるか否かに関して、重要な点が二つある。

第一に、供述経過と、それに関連する客観的事実の判明との時間的関係から、「意図的な虚偽供述の可能性」を否定できることである。「意図的な虚偽供述」というのは、記憶にない事実を創作して供述するということなので、客観的事実との不整合を来すことは避けがたい。それを信用できる供述であるように見せかけるためには、供述後に明らかになった客観的事実との「辻褄合わせ」を行うことが不可欠となる。それが不可能であったことが客観的かつ論理的に証明できれば、それによって虚偽供述の可能性を否定し、証言の信用性を立証することができる。そこで重要となるのが、供述が行われた時期と客観的事実の判明の時期の前後関係である。それを確実に行う方法は、録音録画等によって供述経過を客観的に記録しておくことである。

しかし、刑訴法改正によって義務づけられることになった取調べの録音録画の範囲は、検察独自捜査と裁判員裁判対象事件の被疑者の取調べに限られているし、国会審議においても、合意供述については供述経過の記録を義務づけることが議論されたが、法務省が消極的で、その点は改正法には盛り込まれなかった。協議合意制度導入後も、検察官が、合意供述の経過を客観的な記録に基づいて立証しようとするかどうかはわからない。

第二に、検察官の「証人テスト」を巡る問題である。

検察官は、刑事訴訟規則一九一条の三で「証人の尋問を請求した検察官又は弁護人は、証人その他の関係者に事実を確かめる等の方法によって、適切な尋問をすることができるように準備しなければならない」と定めていることを根拠に、検察官請求の重要証人については「証人テスト」を行ってきた。

刑訴規則上認められているのは、「事実を確かめる等の方法」であり、基本的には、尋問する側である検察官あるいは弁護人が準備をするために、証言内容を確認する「質問」を行うこと、そして、必要があれば、記憶喚起のための「質問」を行うことなのであるが、従来は、そのような本来の「証人テスト」の範囲を超えて、証人が、検察官調書と同様の内容を、理路整然と、澱みなく証言できるように、検察官と証人との間で証言内容の「打合せ」を行うことも珍しくなかった。

「協議合意制度」導入後、他人の刑事事件について供述し、それによって、自己の処罰を軽減してもらう合意が成立した証人について、検察官が「打合せ」まがいの「証人テスト」を行うことが無制限に認められるとすれば、それによって合理性、他の証拠との整合性など「一般的に信用性を認める根拠となる要素」が作出される可能性があり、その結果「意図的な虚偽供述」が見過ごされ、誤判・冤罪に結びつく可能性がある。

検察官が行う「証人テスト」の背景に、日本の刑事裁判の特徴であった「精密司法」の下で、裁判所側も、検察官に対して、理路整然とした、わかりやすい証言が得られるよう十分な尋問準備を行うことを求める傾向があったことも否定できない。しかし、協議合意制度導入後の実務においては、合意供述の信用性を判断する上で「証人テスト」が大きな弊害を生じることは否定し難いのであり、その点を十分に認識した上で、制度の運用を考えていく必要がある。

日本の刑事司法制度においては、検察官が刑事事件の捜査や処分に関して広範な裁量権を持っている。そして、検察は、捜査、処分について情報開示義務も、説明責任も負わず、意思決定はすべて組織の内部で完結していて、外部からの干渉を許さない。そのような検察組織においては、日本の官僚組織に共通する「無謬性へのこだわり」が、特に強く表れることになる。

そのような「検察の正義」の構図が維持されたままで、検察官に公式に「司法取引」を行う新たな権限を与えた場合、検察官の誤った判断が一度組織の意思決定となると、それが改められないまま、有罪判決獲得のために暴走する危険がある。新たな制度が、誤判・冤罪につながることがないよう、十分な警戒をもって臨む必要がある。

郷原信郎（ごうはら　のぶお）　一九五五年生。弁護士。元検察官。法務省検察の在り方検討会議委員（二〇一〇年一一月～二〇一一年三月）。『検察の正義』（ちくま新書、二〇〇九年）、『企業はなぜ危機対応に失敗するのか』（毎日新聞社、二〇一三年）、『告発の正義』（ちくま新書、二〇一五年）ほか。

見過ごされてきたことと障害への「合理的配慮」
――「司法と精神医学」から――

佐藤幹夫

今回いただいたテーマは、「日本の刑事司法のここを改めたい」「これだけは言っておきたい」といった提言をしてほしい、というものであった。筆者はこの二〇年間、刑事裁判を取材する仕事を続けてきてはいるが、関心を寄せてきたのはそのごく一部分、司法全体から見れば、中心からずいぶんと離れたテーマだろうと思う。

ひと言でいえば「司法と精神医学」の領域、心神喪失とか心神耗弱《こうじゃく》が問われ、精神鑑定がなされ、精神障害の診断名の適否が争われたりする、そのような領域である。ただしここにはここならではの、多様で難しい問題が少なくない。

例えば、責任能力論議というものがある。筆者のなかでは、なにか重要なことが整理されないまま審議が進められているのではないか、という疑義がくすぶり続けてきた。その始まりは二〇〇一年の大阪市の附属池田小学校事件であり、一五年を経て、二〇一六年七月二六日に相模原の殺傷事件が起きたことでもう一度考えはじめたのだが、要するにこういうことだったのではないか。

「司法と精神医学」という領域にあって、そこでの事件のあり方は大きく二つの類型に大別されるだろう。しかし、多くの論者やマスメディアにあって、そのことが自覚されてこなかった。

では二つの類型とはなにか。

一つの軸は、統合失調症や躁うつ病など、元々精神疾患を病んでいた人が、さまざまないきさつで犯罪行為をおかしてしまった、というようなケースである。このようなときにどう裁くかは、かねてからの司法課題であったし、むしろ責任能力(心神喪失や心神耗弱)をめぐる概念や判例は、こちらを中心に積み上げられてきた。そしてこの軸から見たときには、刑法三九条は、大枠のなかでそれなりの機能を果たしてきたといってよい。

ところが一方で、常習的に犯罪めいた行為や迷惑行為をなす人たちがいる。あるいは、社会に対する威嚇的なことを口にする人たちがいる。逮捕拘束し、刑事手続きに載せることができればいいが、そこまでには至らない。しかし、犯罪めいた行為や迷惑行為の頻度が高まったり、悪質性が増したりしたときに、警察対応では限界があるからと医療にゆだねられるケースが生じる。医療も、それは自分たちの職分ではないと押し通すことはできないから、とりあえずそれらしい診断名を付し、法の範囲のなかで、医療の対象として処遇することになる。これがもう一つの類型である。

池田小学校事件も相模原の事件も、筆者の考えでは後者に分類される。そして後者にあっては、本来ならば初動の警察対応がどうあるべきだったのかも含めて論議されなくてはならないのに、それはされず、「精神障害者の犯罪」として、医療の判断の適否だけが求められる。そして重大で社会的影響力の大きい事件であればあるほど精神医療への不信や不満など、様々な不公平感を生み出すことになる。何がジレンマであるかが示されない限り、社会の不満や不安、不公平感は解消されない。むしろ膨らんでいく。

つまりは、この二つの類型がしっかりと区別されないまま「司法と精神医学」をめぐる論議が進められてきたことによって、あるジレンマに陥っているのである。

このジレンマをいささか強引に整理すれば、次のようになる。

二つ目の類型における当初の目的は、社会の安全を守るために医療が引き受け（おそらくは消極的に）、引き受けるからには医療診断名が必要であるということで適宜付された。ところが逆転現象が生じていく。とりあえず付されたはずの診断名が前面に出て独り歩きし、そうした診断名を持つ「精神障害者」による犯行である、とマスメディアも大々的に報じていく。そしてあっという間に、「精神障害を持つものによる犯行」という事態が、もはや動かし難い既成事実になる。

ここには一つの〝ねじれ〟がある。筆者の仮説では、この〝ねじれ〟が公判においてつぎの〝ねじれ〟を生じさせていくことになるのだが、すでに述べたように、司法精神医学の中心概念である「責任能力」（あるいは心神喪失や心神耗弱概念）をはじめとする基本的な考え方は、一つ目の類型における統合失調症を軸とする犯例のなかで作られてきた、という歴史を持つ（たとえば岡江晃「刑事責任能力と精神鑑定」、「（討議）精神鑑定と臨床診断——岡江晃氏を囲んで」を参照、『飢餓陣営せれくしょん2『宅間守精神鑑定書』を読む』言視舎、二〇一四年）。

この「責任能力」概念を、後者の類型にそのままスライドさせてよいかどうか。ここにある問題を的確に把握し、この先をどう考えるかが、おそらくは最大の岐路となりそうなのだ。

前者にあっては、事件の規模や社会的重大性、残酷さはひとまず置かれ、病理はどのようなものであったか、どの程度重篤なものであったか、犯行行為にどんな影響を与えたかなどが、おそらくは鑑定のメルクマールとなる。つまりここでは犯行の重大性と病理の深さは、必ずしもパラレルではない。

後者にあってはどうか。こちらでは犯行の規模が大きくなり、被害が甚大になり、残虐性や〝異常性〟が増せば増すほど、そこで診断名として付された「病理」がいかに深いか、という方向での議論が立ちあがってくることになる。少なくともロジックの上ではそうなる。このロジックをさらに押し進めれば、多大な被害を出せば出すほど〝異常性〟が増すのだから、つまりは病理性は深まるという理屈になるのだから、加害者は限りなく心神喪失(責任無能力)状態に近づくことになる。「残虐で、被害が甚大になればなるほど心神喪失で無罪」という通念が流布されているとすれば、このあたりの事情を指す。かくしてこんな不合理なことはない、という不安や不公平感が社会に蔓延する。

公判で医師が示した鑑定結果を採用するかしないか、するならどう採用するかは裁判所の専権事項だから、実際にはそんなに単純には進まない。しかし精神鑑定がらみの大きな事件の際に、マスメディアが必ず「責任能力云々」というお決まりの論議をもちださずにはいないのは、どこかでこうした〝ねじれ〟を感じ取っていればこそではないかと思う。

池田小学校の事件が、「司法と精神医学」のもつ〝ねじれ〟を最大限に顕在化させたにもかかわらず、その論議を不問に付したまま今日に至った〝ツケ〟が、今度の相模原の事件によって、より大きな亀裂としてわたしたちの前に現われた。

ではどうすればよいか。刑事裁判での議論は小さな事実検証の積み重ねを中心とするから、こうした議論には馴染みにくいことは承知しているが、どこかでそのきっかけをつくる必要はないか。相模原での事件から二カ月以上を経て(本稿執筆時点)、やっとそんなことを考え始めた次第である。

「司法と精神医学」における二つ目の提言は、裁判員制度の導入と、それに伴って公判の迅速化が徹底されたことに関連するものである。裁判員の負担軽減のために裁判の迅速化と合理化を図るという意図それ自体は、妥当性をもつものと思う。

ただし公判を取材してぶつからざるを得ないのは、裁判員の方々に、加害者それぞれの「障害」特性を理解してもらうことの難しさである。もとより難題だったこの課題に、制度の導入によってさらに拍車がかかった。少年の事件にあってはとくに顕著だが、抱え持つ発達障害(的傾向)、生育の歴史、置かれてきた人間関係の理不尽さなど、大きな事件であればあるほど加害者の背景事情は複雑になる。複雑な背景には障害特性が微妙に、しかし密接に絡んでいる。

一つだけ例を示せば、彼らの語る「動機」と犯罪行為の重大な結果とが、大きな不釣り合いを示すことがあげられる。わたしたちには(裁判員にも)いささか理解しがたいものであるにしろ、そこには彼らなりの理屈の筋道があり、加えて彼らの多くは、それを適切な言葉で語ることを不得手とする。「適切な言葉」とは、「自らの加害行為が裁かれる被告人」という立場にできるだけ即した言葉で、というほどの意味であるが、その不得手さが自閉症スペクトラム障害や、知的障害というそれぞれの特性と、密接に関連した現われ方をすることになる。

さらに難問がある。彼らの言葉を読み解いて指し示したとしても、裁判員が「障害」を持つ人たちを初めて目の前にしたならば、常識で納得し、了解することは、なかなか容易なことではないだろうと思う。例えば二〇一四年七月、自閉症スペクトラム障害の男性を被告人とする公判で、次のような判決理由が書かれた。

「(量刑の理由)…(中略)…すなわち、被告人は、本件犯行を犯していながら、未だ十分な反省に至っていない。確かに、被告人が十分に反省する態度を示すことができないことにはアスペルガー症候群の影響があり、通常人と同様の倫理的非難を加えることはできない。しかし、健全な社会常識という観点からは、いかに病気の影響があるとはいえ、十分な反省のないまま被告人が社会に復帰すればそのころ被告人と接点を持つ者の中で、被告人の意に沿わない者に対して、被告人が本件と同様の犯行に及ぶことが心配される。（中略）被告人に対しては、許される限り長期間刑務所に収容することで内省を深めさせる必要があり、そうすることが、社会秩序の維持にも資する」。

この判決はすぐに各方面から批判を受け、高裁でも認識の誤りを指摘されて退けられた。筆者は取材を試みたのだが、第一審でどのような審議を経てこうした判決理由が導き出されたのか、具体的確証を得ることはできなかった。裁判員と裁判官の認識不足と言ってしまえば、それまでである。いや、たとえ知識があったとしても、公判の迅速化が、障害理解の形骸化や粗略化に直結してしまえば、犯行理由はただただ理不尽であり、行為は残虐過ぎ、その不均衡さによって、裁判員が報復感情を制御し難くなるだろうことは、予想されなくはない事態である。

迅速で的確な公判の運営と、障害理解をより深く共有することの両者をどう果たしていくか。それこそが、「障害」に対する裁判所による「合理的配慮」の実践ではないか、と筆者は考えるのだが。

佐藤幹夫（さとう　みきお）　一九五三年生。ジャーナリスト。『自閉症裁判――レッサーパンダ帽男の「罪と罰」』（朝日文庫、二〇〇八年）、『十七歳の自閉症裁判――寝屋川事件の遺したもの』（岩波現代文庫、二〇一〇年）、『知的障害と裁き――ドキュメント　千葉東金事件』（岩波書店、二〇一三年）ほか。

法医学の司法への貢献はいかにあるべきか

本田克也

法医学という学問は大変に奇妙で、また魅力的な分野である。医学の一分野とされながら、医療の分野で仕事をすることがない。医療以外の分野である犯罪捜査や殺人事件の死因解明、親子鑑定や医療事故など、法的ないし裁判が関わる国家的な問題に医学的な知識や技術が総動員される。したがって、医学の一部と言うより、医学全般を応用する部門であると言えよう。それゆえに法医学者に求められるのは、基礎科学である〈自然科学・社会科学・精神科学〉=〈科学一般〉を土台とする医学の学識を、いかにして法的問題へ適用するか、にある。

一方、実際の法医学の実践分野は、ひたすら死体の解剖であったり、微物からのＤＮＡ鑑定や体液の中毒検査であったり、泥臭く腐臭まみれになるような仕事である。国家の決断を左右しかねない法医学の目的や中身の深さと、その実践とのギャップ、乖離があまりにも大きいことにとまどう医学生も少なくない。

法医学に関しては、その学問的な特異性に関心が持たれることが多く、これまで海外を含めて多くのドラマや映画、あるいは漫画、小説、随筆、事件簿などが書かれてきた。これらの作品はどれもが難事件に関わって、法医学の適用で真の科学的解決がもたらされたというものが多い。しかし実際の業務は、ドラマになるような成功例だけではなく、何が死因なのか、傷がどのようにしてできたのかがわからない場合がほとんどであって、本当に法医学の実力が問われるような問題は、このようなわけがわからない事例に解決の道しるべを示すことであることは強調しておく必要がある。

刑事事件には、未解決事件のみならず解決したとされている事件でも、逮捕された人が本当に真犯人なのか、真犯人であるとしてどのような事件なのかが不明なものも少なからず認められる。証拠が足りなかったり、不足していたり、また自白が得られなかったり、自白が歪められたりすることがその要因である。そしてこういう事件こそ、事実から真実を引き出して真相を明らかにすることができる法医学の真骨頂である。つまり、事件の解決や裁判での審理が壁にぶつかった事件にこそ、法医学が活躍する場面があるのである。

ならばこのような問題を真に解決するにはどうしたらいいのであろうか。このために必要なのは、科学であり医学(学問)であって、それ以外ではないのである。つまり客観的な事実から引き出した論理、あるいは理論を基礎にしてはじめて、誰もが見ることができない真相を見抜くことができるのであって、それ以外ではありえない。しかし、それが可能になるまでには気が遠くなるような研鑽の時間と努力が必要となる。

こう述べると、おそらく多くの法医学者には、自分は医学や科学を勉強してきており、また法医学の知識もあるのであり、それを法的問題に応用しているのだから、当たり前のことでしかない、という反論が当然にあるはずである。けれどもその科学の中身は何か、医学の中身は何か、と問えば、それは書籍や資料で学んだ紙の上の知識がほとんどのはずである。しかし書籍や資料に書かれたものは他人の体験が文字に表現されたものであり、それを読んだ人の体験ではない。もっと言えば、文字化されえた限りにおいての実体験のごく一部であり、その過程や中身のほとんどは省略されているのである。それゆえに学問は紙の上の知識を暗記するだけの座学では決して修得することはできない。

ならばどうすべきなのであろうか。それは飽くことなく医学的事実と関わることであり、実践の積み重ねをさらに積み重ねることである。自らの五体を通しての体験こそがあらゆる学問の源泉である。そして自らの体験の限りにおいて、他人の経験の文字化である知識もありありと像が描け、自らの実力にすることができるのである。実践抜きの文字だけの知識で満足してはならない。なぜなら実際には役立てることができないし、机上の空論化せざるをえないからである。メニューを見るだけで食べたつもりになってはならない。実際に食事することなしには栄養をとることはできないのと同様に、学問(栄養)にとっての実践(食事)というのは不可欠な源泉なのである。

法医学として医学を応用するためには、科学としての医学を、自らの無限ともいうべき実践によって身につけていなければならない。これは若い頃に解剖をやっただけで、その後は解剖に飽きてしまって、今は難しい解剖以外は部下に任せて、ただ微細な分野の研究を行っているだけの教授とか、書籍をたくさん読んでそこに書かれている知識を盲目的に信じて暗記しているだけの自称専門家にはとうてい考えが及ばないことなのである。理由は簡単である。ここでの実践とは、同じことをえんえんと繰り返しつつ腐臭にまみれ続け、あるいは自分の体を実験体にしなければならないような、大変につらいことだからである。これは単に解剖すれば、鑑定すればいいというレベルではなく、答えが出るまでえんえんと解剖や検査を積み重ね、それとともにあらゆる医学的な知見を修得し、それをさらに発展させることである。私自身はすでに三〇年間にわたり、およそ一万体に迫る人体解剖や、多くの診療実践を行って、医学と法医学を究めているが、日々同じ繰り返しの中でいまなお新たな発見の連続がある。

具体例を挙げてみよう。たとえばある被害者の遺体に見られた傷が、場合によっては死亡しうるような高電圧を発生する、特定の感電装置（スタンガン：百万ボルトを発生し死亡することもあるとされる）でできたものであるか否かを証明するために、世界中の法医学や生理学の文献を参照しつつ、自らの体にそれを作用させて確かめるという実験を私自身が行ったことがある。結果として感電傷ではないことを証明できた。このように科学的実践とは、真実を明らかにするために生命をも賭けなければならないこともある。それに加えて、いかなる事実を解明するに当たっても、医学とその基礎科学を踏まえて、常に進歩し続ける医学のすべての分野を修得する努力を怠ってはならず、医学と切り離された法医学にしようとして矮小化を図ってはならないのである。

このような法医学の概念は私の独創でも独断でもない。そもそも法医学という分野は、国家の使命に関わるスケールの大きな学問として創出されようとしてきたからである。本邦における法医学という分野は、日本の法医学の祖と呼ばれた片山国嘉氏が当初、ドイツ留学後に「裁判医学」と命名していた分野に起源を有することからわかるように、裁判の正しい解決に寄与する医学分野として始まった。これにより、裁判での審理そのものが科学的な裏付けを得ることができるようになったのであるから、裁判医学というものは、近代社会における科学的な裁判のために不可欠なものであった、と言うことができよう。

その後、片山は裁判医学をより一般性を有する名称である「法医学」に変えた。裁判という個別の事件の関係に関わるものではなく、広く国家の統治に関わる法的な問題を解決するための医学という、極めて高いレベルでの位置づけを行うようになっていたのである。これは彼が個別の裁判のみに関わることの限界を感じはじめたからにほかならない。片山が語っている「国家のための医学」「国家を医する」の医学という位置づけは非常にスケールが大きく、個人の病を治すのではなく、国家が病んでいればそれを治療するというものであった。

法医学とは単なる死因の究明技術（解剖）ではない。あくまで法医学の本質は、生理学・解剖学、そして臨床的医学を含んだ、医学という学問の総体を正しく法的問題の解決に適応させるための道筋をつけたものであり、この本質を見失ってはならない。生きた人間の疾患やその過程を究明する病理、そして大本となる正常の生理がわからない限り、死体解剖からの死因の解明は不可能なのであるから、単に解剖だけをやっていてはどうしようもないのである。それゆえ法医学なるものは徹頭徹尾、科学的であり続けるように、幅広い分野の研鑽を行い続けなければならない。しかるがゆえに真実を正しく見抜き、客観的かつ合理的な法的問題の解決が可能となるのである。

現代の法医学者の多くは、そのような幅広い医学の研鑽を怠っているのみならず、「国家を医する」のではなく「国家を癒す」ためといった、単に捜査機関の主張を追認するだけの主観的かつ形式的な鑑定レベルに堕してしまっている。治療には痛みが伴うこともあるが、それによって正常に戻ることを忘れてはならない。異常があれば現状を認めて単に癒すだけでは異常は治らない。しかし実際には真実の追求より、文書として作られた言葉を求めるところの証書や裁判記録をうまく矛盾なく作成し、判決文がうまく書き上げられるように、という単なる形式的な整合性を優先させてしまう。そして大学の法医学の名の下に、権威者の鑑定や証言という後ろ盾が用意されていく。さらに裁判員裁判が始まってからは、一般人に疑念を抱かれないようにわかりやすくするために、と銘打って、肝心なことは省略し、あるいは歪められることによって、真実よりわかりやすさ、あるいは矛盾のなさを優先させ、出来過ぎた作文の作成に拍車がかかっている傾向がある。

法医学は、法的問題への科学的ならぬ形式的な適用として運用されてしまっていては存在価値がないものである。死体解剖や検査結果を、単に捜査機関の結論に合うように形式的に行えばよいと考えていては社会的な要請に応えることができない。真実の追求ではなく、裁判をうまく進めるための儀礼的ないし儀式的なものに成り下がっていたのでは、百害あって一利なしになってしまう。結果として、つぎはぎの事実ないし架空の事実を都合よくつなげた検察側のストーリーを補塡するのみで、自らの実力の向上をはかろうとする努力は一歩もなく、それに疑問を抱くことなく一生を終えてしまってきた先達たちがほとんどではなかったか。

本来の裁判においては、法医学の立場から捜査や判断過程の科学的検証を行うことができるはずである。しかし、このことは建前としてあったとしても実際には形骸化していることが多い。いったいなぜか。ここには科学的であることを困難にするもう一つの大きな壁があるからである。それは鑑定人の疎外、孤立という問題である。結果いかんによっては科学的な真実を訴えることにより四面楚歌となりうる、ということである。

科学的な鑑定を適用しようとすると、捜査に疑惑が生じることもある。本当はそのようなことも明らかにするための裁判であったはずなのに、結論によってはそれを明らかにすることは「痛み」を伴う。場合によっては検察・警察から弾圧されるようなことにもなる。検察庁という権威の前に、それに応えて真実の鑑定を潰そうとする非科学的な反論をする専門家が多数、現れる。裁判は真実を明らかにするより、これまでの捜査過程を承認することが目的となっているから、そこに学問的な真実との齟齬があった場合、あくまで真実を貫くには大変な覚悟と精神力を要する。おそらく現代の法医学者のほとんどは、このような現実にはとても耐え切れないものと思われ、ついには御用学者に成り下がってしまいかねないのである。

学問史上では、国家に反する学問を説いたソクラテスの処刑、地動説に対して異端審問にかけられたガリレオの例がある。また本邦でも、国家の意向に反して鎖国の撤廃を進めようとして蛮社の獄に倒れた、高野長英、渡辺崋山らがいる。これは現代でも起きていることなのである。しかし、いかなる迫害を受けようとも、将来の国家のために、生命賭けで真実を貫いたからこそ、彼らは歴史的な大学者として名を残すことができたのである。

私は初心の頃は犯罪捜査や裁判は正当になされているものと信じてきた。その通りなら私の苦悩はなかったであろう。ところがどういうわけか、法医学の世界に入って二〇年後からは、安易な解決をはかろうとして大きな誤りをしてしまったのみならず、なお真実に蓋をしようとしてきた裁判もあることを、いくつも見て取れるようになった。ＤＮＡ鑑定の誤りに気付きながら暴走した足利事件、当時の鑑定のレベルを超えた解釈をして真実を闇に葬ろうとした飯塚事件、証拠資料の捏造が疑われる袴田事件などを、自らの再鑑定で知りえたことは大きな衝撃であった。しかし私自身はいかなる反論にあっても、どんなにつらくとも、科学的真実を曲げたことは一度もない。

本来は法医学こそが裁判が科学的であり続けるための基盤を支え、司法に貢献しうるものではないだろうか。だとすれば、たとえたった一人になろうとも、私自身は法医学を大きなスケールで捉え、法医学者としての気概を失うことなく、生涯かけて真の法医学を世に問うべく前進していきたいと考えている。

本田克也（ほんだ かつや）　一九五七年生。筑波大学医学医療系・法医学部門教授。東京都監察医。医学博士。『医学教育概論1―6』（共著、現代社、二〇〇六―二〇一六年）、『看護のための「いのちの歴史」の物語』（共著、現代社、二〇〇七年）ほか。

刑事収容施設をめぐって

只木　誠

筆者は、門外漢ながら、これまで種々の委員会において多くの刑事収容施設を視察し、矯正や更生保護に関する課題等について検討する機会を得、さらに、その縁で、これまで刑事収容施設に関わっていくつかの論稿を公にしてきた。現在、かつての課題点のいくつかは改善されつつあると思われるが、いまだ途上の点も存する。今回「刑事司法を改善していくためには何が必要なのか」を点検するという貴重な機会を得て、本稿は、社会の理解のもと、行刑施策、刑事収容施設の運営が一層その理念に合致し、受刑者の改善・更生、そして社会復帰を確実に後押ししていくことに資するべく、これまで指摘してきた論点のいくつかをあらためて取り上げるものである。

矯正建築「学」の必要性

まず、矯正建築「学」の必要性である。(1)「被収容者に対して効果的に働くよう意図的に設えられた空間がもっている性能」、すなわち矯正建築の「空間性能」は、矯正処遇プログラムの効果的な遂行に重要な役割を持つとされている。矯正施設は、矯正教育・矯正処遇を実践する上で必須の手段であり、そこには、①保安、②教育、そして③生活の三つの機能が認められるが、ともすると保安機能に重点が偏って他の機能との不均衡が生じがちであり、したがって、矯正施設の建設にあたっては、この三者間の微妙な均衡を図り、その接点を見いだすことが重要である。さらに進めていうならば、被収容者の心情の安定に寄与し、ひいては矯正の効果を高める手助けとなる空間、すなわち、建築的工夫により、保安機能を低下させずに、「一般生活に近い設えの空間、限定された空間の中に社会性を持ち込む、規律維持にきちんとした設えの空間」の設置が肝要であろう。過去に参観した、法務省大臣官房施設課が建造に携わった矯正建築には多くの矯正処遇上の知恵が見て取れるのであり、「矯正施設における空間の社会性」という発想や「生活空間に癒しや変化を与えることが教育効果を高める」という考え方は大変興味深い。

しかしながら、きわめて強い実務的色彩ゆえか、矯正建築はこれまでほとんど学術的な対象とされてきておらず、この意義を紹介し考察の対象とする論稿等はいまだ少ない。矯正施設は矯正処遇のために特化した場であるからこそ、その実効性が期待できるのであり、矯正・行刑という車の両輪である建築（ハード）と処遇（ソフト）の充実と発展のいずれが欠けても、実りある矯正教育は成り立ち得ない。矯正施設の建築としての在りよう、またその内容は、被収容者の改善・更生にとって、また行刑改革会議の提言にもあるように、職員の労働条件・環境にとっても重要な要素である。(2) 矯正建築が学問の対象たるに堪えうるものであることは明らかであり、今後より多くの研究が進むことが望まれるところである。

PFI手法による刑事施設の今後の在り方

民間の営業ノウハウとその活力を取り入れて行うＰＦＩ（Private Finance Initiative）手法による刑事施設の設置、

始からはや一〇年を迎えようとしている。[3]

導入は、①既存の施設における過剰収容、②行刑改革からの要請、③規制緩和の三つを背景としており、運営開始からはや一〇年を迎えようとしている。[3]

この間、官民両関係者の多大な尽力と地域の理解・協力とによって、ほぼ順調な運営・歩みを経てきたと評しうるが、他方、二〇〇九(平成二一)年の「競争の導入による公共サービスの改革に関する法律」の施行等法令の変化や、また、過剰収容の状況は一〇年前当時に比べて緩和の方向にあること等、PFI施設を取り巻く環境は日々変わりつつある。各施設が事業期間の折り返し地点にある現在、その基本理念に照らして運営状況をチェック・検証することは重要であり、また、PFI刑務所事業終了後の地元の経済活動への周到な配慮も念頭に、その結果を今後に反映することは大きな課題であろう。

具体的には、①刑務所の過剰収容状況の軽減効果については、一定の評価が可能となっており、②「地域との共生」の具現化については、地域に開かれた施設としての諸行事が行われ、災害避難所としての刑事施設という認識も広がっている、③官製市場の開放による雇用創出及び経済効果については、民間事業者の地元雇用、食材等の地元調達の点で成果を上げている、④民間のノウハウの活用による「人材の再生」についても、職業訓練、改善指導などで民間の知恵が活かされている等の点が指摘しうるが、これらについては、さらに議論を深めた検討・検証が求められるところである。また、将来的な構想として、業者の理解を得たうえでの、PFI刑務所の被収容者基準の見直し・拡充、具体的には、B指標(犯罪傾向が進んでいる者)の受刑者の収容も検討されてよいと思われる。

労働条件・環境にかかる医師不足、職員の負担解消

さらに、行刑施設における大きな問題の一つは、医師不足が深刻で、医療刑務所においてさえ大幅な定員割れにあり、本来の医療業務の遂行が危ぶまれているという現状である(4)。そのため、少なからざる医療職員が休暇を取得・消化できず、加えて、研修等の時間が取れない、参加できても予算上の問題から参加費を自費でまかなわざるをえないという実態があり、そこでは、「外の」社会の医療から取り残され、スキルアップが図れない等の不安や閉塞感も聞かれるところである。また、世間一般に比して低額であるとされる給与の問題とも絡んで、国家公務員には禁じられている医師の兼業について、一定の要件によりこれを認める方向へと制度上の変更・整備の検討が必要であろう。

そして、現在、多くの刑務所において派遣職員や委託職員が導入されているところ、収容率で職員数を決定している現状も改善に向けて見直しが必要である。十分な予算措置がはかられていないことに起因する人員不足によって、行刑改革会議において改革の柱とされた「刑務官の過重な負担を軽減し、健全な執務環境を確保する」という目標の実現はかなり危ぶまれている。行改会議の提言にもいうように、職員の労働条件・環境の改善は必須であるが、有給休暇はきわめて少なく、刑務職員一人あたりの担当受刑者の割合も欧米よりも高く、その負担は過大である。「安上がりな刑事政策は結果として高くつく」ことになりかねない。コスト優先の低廉な行刑では、再犯を助長し、社会を不安定化させ、かえって割高な結果を招くことになろう。充分な物的・人的資源の投入こそ、長期的には、良好な費用対効果をもたらすことにつながることを再確認すべきである。

協力雇用主制度など

今日、職親プロジェクト、協力雇用主制度は、きわめて注目度の高い施策である。職親プロジェクトとは、少年院出院者や刑務所出所者の再犯防止を目指し、日本財団が企業と連携して彼らに就労機会を提供する支援策であり、協力雇用主制度とは、犯罪・非行の前歴のために定職に就くことが容易でない刑務所出所者等を、その事情を理解した上で雇用し、改善・更生に協力する民間の事業主に関する制度であるが、競争入札における優遇制度の対象となる公共工事の範囲の拡大など、いずれも一層の拡充が望まれる。また、ハローワーク職員の介在を要しない、厚生労働省の許可に基づく刑務所の職業紹介事業も、出所者の再社会化を推し進める上で魅力的な制度である。受刑者の関心・希望は、出所後の生活の安定と仕事を得ることであり、社会のニーズに合った業種の選択のもとでの——犯罪傾向が進んだ受刑者に対しても——職業訓練の一層の拡充、就労支援が求められている。

海外では、刑務所出所者等の雇用の創出・提供に主眼を置いてビジネス展開を図るソーシャル・ファームの成功例もあり、こうした新しい取り組みも今後の活路を開く一途となり得ると考えられ、その設立や運営の研究、支援、促進等を積極的に検討すべきであろう。(5) 犯罪者雇用が対外的にその企業の評価やイメージを高めるような社会の実現が望まれる。

基本的な視座

刑事政策においては、今後に向けた適切な刑事施設収容のため、「容れない」施策、「出す」工夫が求められているといえよう。現在導入が検討されている社会奉仕命令や、すでに運用が始まっている一部執行猶予を含む社会内処遇制度を推進し各種の中間処遇制度を充実させる、さらには、個別的な処遇計画に基づく開放的処遇の範囲を拡大する等の大胆な発想にこそ、その具体的な実現の道筋が存していると思われる。

かつての過剰収容の背景には、バブル終焉以降の経済の低迷・停滞の本格化とこれに伴う失業率の上昇などの社会的な不安の増大が存したと思われる。そのようななか、国民の不安感を背景に体感治安の悪化を解消する施策が強く求められた結果、刑事立法は活性化し、連動して宣告刑は重くなった。

今日、成人の刑法犯、また少年による刑法犯・非行は漸次的な減少傾向にある。また、犯行態様もおおざっぱにいうならば、「凶悪」なものから「平穏」なものへと移行しているように思われる。しかし、その一方で、同じくおおざっぱにいえば、宣告刑が重くなるなかで起訴猶予・執行猶予率は低くなり、他方で、仮釈放率、とりわけ刑の執行率が低い段階での仮釈放率は恒常的に低下傾向をたどっていると思われる。しかし、それによって刑事施設収容期間が長期化し、全体としての受刑者の増加に至り、人員の手当が及ばないことによる矯正処遇の劣化が再犯化を高め、社会不安を増幅させるという負の連鎖の状況に至ることをわれわれは想起すべきであろう。

犯罪が増加し、凶悪化していることが、犯罪の予防を目指す立法の活性化、重罰化の根拠であるとすれば、本来ならば、上述のような刑法犯罪の「傾向の変化」に対応して、収容期間は短くなり、収容者は減少するはずのところであろう。しかし、現実にはそうとはなっておらず、そのようなねじれともいえるような状況の背景には、いまだ体感治安が改善されていないという世論があり、それをマスコミが後押しするという構図があるようであるが、これは、いまだ旧来の議論の域を出ないものといえるであろう。われわれは、このような現在の状態について、危険社会論、不安社会論にいわれるようにエビデンス・ベースでその原因と対策を考えなければならない。

(1) 拙稿「矯正建築における基本構想について——法務省大臣官房施設課の貢献」『法学新報』一一七巻七＝八号、二〇一一年、六六五頁以下参照。
(2) 拙稿「平成一七年版犯罪白書を読んで——ルーティン部分に関して」『法律のひろば』五九巻一号、二〇〇六年、一〇頁。
（3）ＰＦＩ刑務所の問題点を指摘したものとして、拙稿「新しい刑務所運営の意義と課題」『ジュリスト』一三三三号、二〇〇七年、一〇頁以下、同「刑事施設における官民協働」『罪と罰』四八巻二号、二〇一一年、五頁以下、及びそこに示した参考文献参照。http://www.yomiuri.co.jp/adv/chuo/research/20110407.html
（4）刑務所から医療刑務所へ移送すべき、また、医療刑務所から外部の病院への移送すべき受刑者は少なくないように思われる。そのほか、死期の近づいている受刑者、重篤な精神疾患で回復が見込めない受刑者に対する刑の執行停止についても検討の必要性を感じている。受刑能力に欠けるようにも思われるこれらの被収容者に対して当所で治療を続けることは、刑の執行としてどれほどの意味があるかは疑問だからである。人道上の考慮からも刑の執行停止を検察官に働きかけるようにすべきではなかろうか。
（5）拙稿「平成二五年版犯罪白書を読んで――ルーティン部分に関して」『法律のひろば』六七巻一号、二〇一四年、四頁参照。

只木　誠（ただき まこと）　一九五六年生。中央大学法学部教授。刑事法学。『罪数論の研究　補訂版』（成文堂、二〇〇九年）、『刑事法学における現代的課題』（中央大学出版部、二〇〇九年）ほか。

支配からの解放

瀧川裕英

I　支配という不正

何が最たる不正か。正義の要請の核心を侵犯するのは何か。奴隷制である。奴隷とは、主人の支配に服する者のことである。人が人を支配することこそ、正義が決して許容しないことである。

支配とは、正当化根拠なく恣意的に人に干渉できることである。この意味での支配こそが、最も避けられるべき不正である。すべての者を奴隷としてではなく自由民として扱うことを、正義は要求する。(1)

翻ってみれば、犯罪は支配である。犯罪が不正なのは、犯罪行為によって人が人を支配するからである。窃盗であれ暴行・傷害であれ支配であるし、殺人は究極の支配といえるだろう。(2)

では、犯罪行為によって人を支配した犯罪者を、どのように扱うべきか。一つの考え方は、応報を重視して、人を支配した者は人に支配されない権利を失うとする。ロックは『統治論』で、人に攻撃を仕掛けて戦争状態に入った者は、自己の権利を放棄したのであり、そのような者は猛獣として扱ってよいと論じる(『統治論』第二編第一七二節)。犯罪者は犯罪行為によって自らの権利を喪失するという権利喪失説が、現在有力に主張されている。(3)

しかしながら、犯罪者は犯罪行為によって、自ら法的状態を否定して自然状態へと回帰したのだから、犯罪者を権利喪失者として扱ってよいなどとは、法の理念にこだわる限り、いうことはできない。刑罰は、自然状態における暴力とは対比されるべきものであり、あくまで法の枠組みにおいて理解されるべきものである。さもなければ、およそ刑罰を正当化することは不可能である。

したがって、権利喪失説は誤っており、犯罪行為によって人を支配した者であろうと、その者を支配することは許されない。いかなる者であれ、奴隷として扱うことは不正であり、自由民として扱うことが要請される。

II　犯罪者を自由民として

犯罪者を自由民として扱うという正義の要請は、懲役や禁錮といった自由刑の廃止を含意するわけではない。自由刑廃止論に抗して自由刑をいかに正当化するかは、実のところ難問であるが、支配に着目する刑罰論からの自然な解答は、犯罪によって支配された被害者をその支配から解放する手段として自由刑を正当化する。

このように、犯罪者を自由民として扱うという正義の要請は、自由刑の廃止は提言しないが、日本の刑事司法に対して少なくとも三つの提言を行う。

A　量　刑

第一の提言は、量刑基準の明確化である。日本の刑法は法定刑の幅が広く、量刑について裁判所の判断の余地が広い。一九〇七年に制定された現行刑法は、犯罪者ごとの個別的対応を重視する新派の影響を受けていて、量刑に際して個別の事情を考慮できるようにすべきだと考えられたためである。

だが、被告人に対する刑を懲役二年六月ではなく三年にした結果として、当該被告人に対してどの程度の更生効果・再犯予防効果を持ったのか、どの程度の犯罪抑止効果があったのかといった情報が、裁判所にフィードバックされているわけではない。そもそも、そのような情報は存在していないだろう。そのため、人が人の恣意に服するという支配が生じやすい構造がある。

その構造をマイルドに統制するのが、量刑相場である。量刑相場は、裁判官や検察官の間では、ある程度共有されている。そのため、どの裁判官に当たるかで量刑が大きく変わることはない。このことは、人の支配を避けて被告人を平等に扱うために、極めて重要である。

量刑相場は変動することがある。しかも、法定刑に変化がないときにも変動する。このときに援用されるのが、国民の正義観念の変化である。だが、それ自体あやふやなものであって、マスコミの論調の変化に過ぎないのではないかとの疑念が拭いきれないだけでなく、それをいかにして裁判官が認識できるかも不明である。量刑相場を不変のものとして扱う必要はないが、量刑相場が支配を統制している以上、それから逸脱する際には正当化根拠が不可欠である。さもなければ、人の恣意による支配に堕してしまう。

これに関連して問題となるのが、裁判員裁判である。裁判員裁判では、十分な根拠なく量刑相場を逸脱した判決が時として下される。これは、量刑に対して国民の感覚が反映されたものとして肯定的に評価されるようなものではない。むしろ、当該事件で選任された裁判員の意見によって被告人が平等に扱われず、人の支配が顕現してしまったものとして否定的に評価されるべきものである。

こうした裁判員による支配を統制するのは、まずは合議体を構成する裁判官であり、さらには上訴裁判所である。ただ、裁判官が依って立つ量刑相場自体は、ある意味で過去の遺物であり、裁判員が示す現在の民意との狭間で、裁判官は困難な判断を迫られることになる。事実の認定のみならず刑の量定も裁判員の判断対象とする現行の制度は、見直されてよい。

裁判員による人の支配を回避すべく、裁判員裁判では量刑データベースが利用されている。だが、あくまでデータベースに過ぎず拘束力を持つわけではないし、一般に公開されてもいない。支配の問題に対処するためには、量刑データベースを一般に公開し、量刑基準を明確化していく作業がまずは必要である。その上で、その量刑基準が公正なものであるかを、批判的に検討していく作業が必要だろう。こうした作業を経て、一定の拘束力を持つガイドラインを策定すれば、量刑における支配の問題はひとまず解決されることになる。

B　再　犯

第二の提言は、再犯防止対策の強化である。平成二七年版『犯罪白書』によれば、再犯者率（検挙人員に占める再犯者の人員の比率）は平成二六年度で四七・一％であり、この数値は平成九年の二七・九％から一貫して上昇している。つまり、検挙人員のおよそ半数は再犯者である。実際に入所している者に限定すると、再入者率（入所受刑者人員に占める再入者の人員の比率）は五九・三％にもなる。さらに、入所度数五度以上の者に限っても二割を超えている。

日本の人口に占める受刑者の比率は、諸外国と比べて低い。こうしてみると、複数回にわたって入所する少数者と、刑務所生活とは全く無縁な圧倒的多数の人々に、社会は分化しているといえる。

再犯は、ある意味で刑罰の失敗である。再入者率の高さは、新規入所者が減少しているということもあろうが、刑務所での矯正や出所後の社会統合が十分に機能していないことを示している。

ここに、「構造的支配」を見出すことができる。構造的支配は、ある集団が社会構造を通じて他の集団を支配することであり、主人と奴隷のような個別の人による個別の人に対する支配とは異なるが、同様に問題である。高い再入者率を放置することは、再犯者を奴隷として、あるいは少なくとも二級市民として扱うことである。

再犯問題を解決する特効薬は、おそらく存在しない。入所受刑者に対する指導や支援、出所後の就労支援や住居確保、人間関係構築の支援など、地道な作業を粘り強く続けていくしかないだろう。だが、こうした作業は、構造的支配という不正を避けるために不可欠である。

C 受刑者の参政権

第三の提言は、受刑者に対する参政権の付与である。現在の日本の公職選挙法は、受刑者の参政権を認めていない(公職選挙法一一条)。その合憲性について、近時の下級審の判断は分かれている。

政治に参加する権利は、自由民が当然保有する権利である。受刑者を二級市民や奴隷として扱わないためには、受刑者に参政権を付与しなければならない。

刑罰の正当化根拠として、応報や予防・抑止が一般に挙げられる、だが、こうした根拠からは、受刑者の移動の自由とそれに関連する自由を制約するだけで十分であり、それに加えて政治参加の自由を制約することは必要ではない。

こうした実質的考慮だけではなく技術的考慮も、受刑者の参政権を制約することを正当化しない。刑事施設における投票は、現在実施されている未決拘禁者の例に倣えば、技術的に可能である。

念のため付言すれば、ここで受刑者の参政権といい、通常のように受刑者の選挙権といわないのは、当然ながら意識的である。受刑者の選挙権のみを認め、被選挙権を認めないのは、十分根拠のあることではない。受刑者は政治活動が制約されるが、受刑者の中には出所間近な者もいるのであり、その点も含めて有権者の判断に任せれば問題ないだろう。

以上のように、一方で犯罪者を自由民として扱い、他方で犯罪被害者を犯罪による支配から実質的に解放することで、支配という不正から万人を解放することが、現在求められている。

（1） 正義と支配のこうした理解は、現在では（新ローマ派）共和主義として論じられている。その典型として、Philip Pettit, *Republicanism: A Theory of Freedom and Government* (Oxford University Press, 1997).

（2） 被害者なき犯罪には、支配が存在しないのではないか、と思われるかもしれない。このような疑問に対しては、被害者なき犯罪のなかには、支配がないがゆえに非犯罪化すべきものが少なくないこと、覚醒剤の販売等は人の支配を可能にしてしまう点で間接的に支配に加担していることを指摘できるだろう。

（3） 例えば、Christopher Heath Wellman, "The Rights Forfeiture Theory of Punishment," *Ethics* 122 (2012): 371-393.

瀧川裕英（たきかわ ひろひで） 一九七〇年生。立教大学法学部教授。法哲学。『責任の意味と制度——負担から応答へ』（勁草書房、二〇〇三年）、『問いかける法哲学』（編集、法律文化社、二〇一六年）ほか。

比較から見る日本の刑事司法改革の特徴とそのあるべき視点

王 雲 海

アメリカの改革

いまの世界は刑事司法改革の時代にあり、アメリカ、中国、日本も例外ではない。

アメリカでは、従来の人権保障至上の刑事司法に対して、一九八〇年代から「法と秩序」のもとで改革を始め、今日に至っている。このような改革の特徴を厳罰化と表現することが多いが、実は、そう単純ではない。厳罰化が主な内容であるものの、人権保障を強化する内容もある。例えば、死刑に関して、死刑適用基準の厳格化、少年や心神障害者への死刑適用禁止、死刑適用の減少などが見られる。しかし、とはいえ、厳罰化がやはりその最大の特徴と言うべきである。しかも、人権保障のための改革は、多くの場合、厳罰化と引き換えに実現された側面がある。死刑適用基準の厳格化や適用自体の減少は、終身刑の大量適用を正当化するために行われた場合が多い。近年のアメリカでは、死刑は確かに少なくなっているが、しかし、その分、絶対的終身刑が普遍化し、拘禁人口が空前の規模に達している。

アメリカでは、刑事司法は専門家に任せる伝統があった。しかし、「法と秩序」を標榜する一九八〇年代のレーガン大統領時代から事情が一変した。政治家は犯罪問題を選挙のテーマとして利用するようになり、まず刑事司法の政治化が進んだ。それに伴って、また、その後の大衆情報化時代の到来につれて、刑事司法の大衆化が起きた。アメリカは、従来マスメディアの力が強くて、犯罪問題を娯楽化する伝統がある。これまでの厳罰化はまさに政治家がその主体になって、民意という名目で推進し、マスメディアが助長して行われたものである。他方、人権保障、とりわけデュー・プロセス(適正手続)を最も重視する合衆国憲法があって、憲法の番人である司法はもとより力が強い。その延長線として法律専門家も主体意識を持ち、積極的にものを言う傾向にある。ほかに、犯罪、刑罰、刑事司法を社会学的に研究する数多くの機関と人員が存在する。政治家や世論による刑事司法の厳罰化、政治化、大衆化、娯楽化に対して、裁判所、専門家は必死に抵抗しようとし、一定の影響力を発揮することができている。いまのアメリカの刑事司法は「政治家・大衆世論vs.裁判所・専門家」のなかにあって、両者のせめぎ合った結果である。そのために、厳罰化が大いに進むなかで、人権保障とりわけデュー・プロセスを維持、強化する場面も見られる。

中国の改革

中国の場合、一九八〇年代までは法治主義を徹底的に否定する「政治社会」であった。刑事司法は支配・弾圧のための政治的道具としてしか認められず、完全に政治化されていた。そのために、多くの冤罪事件が発生していた。その反省を踏まえて、一九八〇年代初期から、新たな政策である「改革開放」の一環として法治主義とりわけ刑事司法の再建と改革が展開されて、初めて刑法と刑事訴訟法が制定された。一九九五年から「社会主義法治国家の建設」が公式目標とされ、罪刑法定主義や無罪推定やデュー・プロセスといった、他の国々ですでに常識になっている近代的刑事司法の導入を図るようになった。そして、近年になって、近代的で人権保障的な刑事司法の構築という流れを維持しながらも、刑の上限引き上げなどの厳罰化を追求する改革や、軽微な事件での刑事手続の簡易化、司法取引の実験的導入といった効率性を目的とした改革も見られるようになっている。

刑事司法の主体が誰かという点から中国を見ると、一九八〇年代までは、政治家や彼らに動員された大衆はその主体であった。法律専門家はその存在自体が許されず、刑事司法にかかわりを持てなかった。「改革開放」以後の刑事司法改革は、まず刑事司法の専門性の容認と専門人員の育成、配置から始まった。無法状態から近代的刑事司法の確立というこれまでの中国の刑事司法改革は、ある意味では、刑事司法を政治性や大衆性から脱皮させて法律専門性や法律専門家へ回帰させる改革と言い換えてもよい。どこまで法律専門家が刑事司法の主役になれるか、どこまで政治家や大衆が刑事司法から離れるかは、中国の刑事司法がどこまで近代的で人権保障的になれるかを意味する。中国におけるこれまでの刑事司法改革の成果は、法律専門家がその専門性や役割を認められて、彼らが徐々に主役になったことによるものと言っても過言ではない。

日本の改革

アメリカで起こったことが、およそ一五年ないし二〇年後に日本でも起こる。刑事司法改革も同じである。「法と秩序」の名のもとでの厳罰化、その引き換え材料としての刑事手続の適正化という一九八〇年代以後のアメリカの刑事司法改革の一部が、一九九〇年代後半から日本でも進行するようになった。戦後の日本を通じて、この二〇年ほど刑事法や少年法が頻繁に改正された時期はなかった。確かに、改革には弁護の充実、一部の事件の取調べの可視化といった部分もあるが、それ以上に、罪名の新設と要件の緩和、時効の撤廃、法定刑の引き上げ、少年事件刑事手続の成人化、通信傍受の範囲の拡大など、厳罰化や捜査権限を強化し、行使しやすくする内容が目立つ(1)。しかも、司法取引やおとり捜査といったアメリカのやり方を導入しようとする一方、死刑適用の抑制といったアメリカのもう一つの流れは見られない。アメリカや中国と比べれば、特に戦後日本の刑事司法の流れを見れば、いまの日本の刑事司法は一種の特殊な時期に静かに突入したと言えよう。

明治時代以後の日本では、近代的司法制度を作り上げたのは、主に警察を含む専門的官僚、検察、裁判官、弁護士、法学者などの法律専門家の力であった。また、戦後の高度経済成長期には、経済が高度に成長し、社会が豊かになった。経済成長に伴って犯罪も必ず増える欧米とは違って犯罪は増えないという、経済の成長と治安の良さで世界を征服した「日本の安全神話時代」においても、刑事司法の主役はやはり専門的官僚と法律専門家であった。しかし、二一世紀になってから、事情が一変した。日本の政治家も犯罪刑罰問題を選挙・政治活動とリンクさせ、政党もそれをマニフェストに入れるようになった。近時の刑事法の頻繁な改正はまさに政治家により政治主導で行われた場合が多い(2)。同時に、「官僚支配打破」といったスローガンで専門的官僚や法律専門家の役割が絶えず抑え込まれ、政治家は自ら犯罪問題や刑事司法の主役になりつつある。それに加えて、ネットなどが発達して一般大衆も直接かかわりを持つようになり、マスメディアの力の増強により、本来は厳粛な犯罪問題や刑事司法が娯楽化されたりするようになっている。刑事司法の厳罰化、政治化、大衆化、娯楽化がかなり進んでいるのである。いまの日本の刑事司法は明治以後、特に戦後のよき伝統から乖離し始めた異常な状態にあると言えよう。

悲しいことには、いまはこのような全体的状況を認識し、現状打破のための法的原理を見出そうとする発想は足りない。個々の技術的な議論も重要であるが、それ以上に刑事司法のあるべき姿を基本理念から考えるのが喫緊の課題ではないか。

では、諸外国と比較して、日本の刑事司法改革にはどのような視点が必要であろうか。

法治国家としての日本と刑事司法

日本は法治国家である。法治国家においては、刑事司法は道徳的・合理的・人権保障的な方法で行われる必要がある。犯罪を取り締まる能力や手段が客観的・技術的にいくらあっても、法治主義に合致しなければ、それを使ってはならず、刑事法をいくら改正してもよいわけではない。

頻繁な法改正・迅速な厳罰化がどんどん進んでいるいまこそ、「日本は法治国家である」ことをもう一回思い出して、法治主義から来る刑事司法の純潔性を再確認し、刑事法改正や刑事司法の節度・限界を再考する必要があるのではないか。

民主主義国家としての日本と刑事司法

これまでは、厳罰化のための法改正が、世論・民意の名のもとで政治家を中心に行われる場合が多かった。確かに、日本は民主主義国家であって、刑事司法も世論・民意を完全に無視してはいけない。しかし民主主義は、その本質が多数決を基本原理とした多数の力の支配であって、大衆・民意という形での非理性を生み出す危険を常に孕んでいる。民主主義だけでなく、法治主義をも原理としている日本では、政治家を含めて、人権保障・法治主義に合う民意を尊重することが重要であるのと同様に、それに反する世論・民意と戦う意識も必要である。また、「三権分立」も日本の原則であって、それは国家権力の行使のプロセスの分立よりもむしろ事項の分立を意味し、事柄の性質によって民主主義か法治主義かで別々に処理されなければならない。

犯罪と刑罰の問題は、多数の力による支配という政治領域に馴染まない事項であって、むしろ、法治主義の原理に従って司法領域の事項として司法・法律専門家などを中心にして対処されるべき事柄である。政治家もマスメディアも以上のことを意識して、犯罪刑罰問題に対して容易く世論・民意を持ち出さず、一定の距離を置く姿勢が必要である。

「文化社会」としての日本と刑事司法

これまでの厳罰化の法改正は、アメリカの影響を受けて、または国際社会の要求という名目で行われた場合も多い。しかし、刑事司法はそれぞれの社会で存在するもので、社会が違っていれば、そのあり方も変わるはずである。

社会の原点が何であるかを基準にすると、中国は「権力社会」、アメリカは「法律社会」とそれぞれ言える。それに対して、日本は「文化社会」と言うべきである(3)。つまり、国家権力が社会の原点である中国、また、法律が社会の原点であるアメリカとは違って、日本は、普通の国民の道徳、習慣、常識といった文化を原点とした社会である。このように犯罪と刑罰の意義が互いに異なっている。「権力社会」の中国では、犯罪と刑罰は主に権力との関係で政治的に捉えられる。人々が罪を犯し、刑罰を受けたことは、主にその人と国家権力との間でのトラブルとして理解されて、刑罰の意義がただ権力によって実現されて、政治的なものに尽きる。「法律社会」のアメリカでは、犯罪と刑罰は法律問題として対処される。人々が罪を犯し、刑罰を受けたことは主にその人と刑事司法機関とのトラブルとして理解される。刑罰の意義がただ刑事司法機関によって遂行されて、完全に法律の定めた中味に尽きる。それに対して、「文化社会」の日本では、犯罪と刑罰はまず社会・国民との関係で文化道徳的に意識される。人々が罪を犯し、刑罰を受けたことは、法律上・司法機関との問題とする以前にまずその人と周りの社会・国民とのトラブルとして理解されて、刑罰の意義が刑事司法機関よりもまず社会・国民によって文化的に実現されて、刑事罰はあくまでも二次的なものである。(4)

つまり、「文化社会」日本では、厳しい社会的制裁が常に存在している。「日本の刑罰は軽い」という批判がずっとあって、それが厳罰化の理由とされているが、そのように批判するのは、「文化社会」という日本の社会特質を理解せず、社会的制裁が日本の犯罪と刑罰において大きな機能を果たしていることを分かっていないからである。社会・国民が第三者として犯罪と刑罰を傍観する中国では、また、犯罪と刑罰が法律の定めるとおりに尽きるアメリカでは、厳罰化をはかるのは「一理」があるかもしれないが、しかし、すでに重い社会的制裁が伴っている日本でひたすら厳罰化を進めるのは、日本社会の実情を無視したやりかたと言うべきであろう。

(1) 川出敏裕・金光旭『刑事政策』成文堂、二〇一二年、一一三頁。
(2) 山本奈生『犯罪統制と空間の社会学――ゼロ年代日本における犯罪・都市政策』ミネルヴァ書房、二〇一五年、七七頁。
(3) 王雲海『「権力社会」中国と「文化社会」日本』集英社新書、二〇〇六年、一七頁。
(4) 王雲海『日本の刑罰は重いか軽いか』集英社新書、二〇〇八年、一九〇頁。

王 雲 海(おう うんかい) 一橋大学大学院法学研究科教授。刑事法学。『賄賂はなぜ中国で死罪なのか』(国際書院、二〇〇三年)、『死刑の比較研究――中国、米国、日本』(成文堂、二〇〇五年)ほか。

検察性善説を疑う

八木啓代

日本の刑事裁判での起訴有罪率が九九％以上に及ぶということは、案外知られていない。同様に、「推定無罪」という言葉自体は知っていても、日本の報道の在り方に疑問を感じる人は、まだまだ少数派だ。

その背景には、多くの日本人が持っている、漫然とした、しかし、非常に強い警察・検察や司法への信頼感がある。

日々の新聞報道で、紙面の目立つところにあるのは「三面記事」であり、ニュースでも、国際問題や政治問題以上に大きく報道されるのが犯罪だ。

テレビでは毎日のように警察官が主人公として事件を解決するドラマが放映されて、高い視聴率を獲得し、街の書店に並ぶ書籍の多くも、「推理もの」「サスペンス」と呼ばれるジャンル。

米国のように探偵や保安官、軍などが、一般市民の日常生活の中でそれなりのウエートを占めているとまではいえない現在の日本では、いきおい、犯罪捜査を担うのは、第一義的には警察ということになる。そうである以上、犯罪ドラマが成立するためには、警察や検察、裁判所は、あるべき姿、すなわち、読者や視聴者の溜飲を下げる「正義」として機能していなければならない。「悪徳警官」や「保身的な上層部」などが描かれることがあったとしても、それはあくまで、ドラマの中のスパイスであり、個人の資質の問題であり、日本の刑事司法体制やそれを支える刑法や刑事訴訟法の孕む問題が描かれることはほとんどない。

それがゆえに、圧倒的多数の国民は、日本の刑事司法そのものに問題があるとは思っていない。多くの冤罪事件の被害者自身もまた、自分の身に冤罪が降りかかるまでは、警察や裁判所を心から信頼し、間違った判断を下すわけがないと思っていたと語る所以である。

先進国では異例といえる、日本の死刑肯定派の多さの背景には、いったん重大犯罪が起こると、あらゆるメディアで何日にもわたって大きく報道され、その推移が世間の大きな関心事になるという事情と、それらの犯罪を捜査し、犯人を逮捕し、起訴し、裁くという、警察から検察・裁判所に至る過程への絶大な信頼があるといってもいいだろう。

しかし、人間は神ではない。

だからこそ、捜査する側・裁く側も、誤認・先入観・思い込み、証拠の不備、様々な理由による虚偽の証言や自白といった理由で、いくらでも、間違いは起こしうる。

そういった視点から、いかに捜査する側・裁く側が「誤り」を起こさないか、また、「誤り」は起こり得るという前提のもとで、道が誤っていた場合、それをいかに正すことができるかということが何重にも担保されているのが、近代国家の司法の姿であるべきなのだが、刑事司法の現状を知れば知るほど、残念ながら、この日本には、その視点が根本的に欠けているとしかいえないのが、はなはだ残念である。

私はもともと司法畑の人間ではない。それどころか、音楽家というまったく畑違いの分野の人間である。しかし、二〇一〇年に大阪地検特捜部で起こった検察官による証拠改竄《かいざん》事件に素朴なショックを受けたことが、私が司法の問題を考えるようになったきっかけだった。

警察官や検察官といった捜査する側の人間が、無罪の人間を有罪に落とす目的で証拠を改竄するなどということは、当然のことながら、あってはならない。

この事件は、スクープとして大きく報道され、社会問題にまでなった。

しかし、私がそれ以上に驚いたのは、この事件そのものではなく、事件を起こした前田恒彦元検事が、証拠隠滅罪という、極めて軽い罪で起訴されたことだった。

本来、証拠隠滅罪とは、犯人を庇《かば》って証拠を隠滅した罪を裁くためのものだ。それゆえに量刑は非常に軽いものとなっている。しかし、この場合は、結果的には有効でなかったとはいえ、明らかに悪意を持って行われた証拠改竄である。

つまり、これを証拠隠滅罪で裁き、最大懲役二年(二〇一六年、三年に引き上げ)という罪状にしてしまうと、今後、警察官や検察官が、「悪意を持って」「無実の人間を有罪にするために証拠を改竄」したことが、揺るぎのない証拠で発覚したとしても、最大二年の刑しか受けないという、悪しき前例になってしまうのではないか。

このことに重大な問題を感じ、インターネット上で知り合った法曹関係者の方々にも疑問をぶつけ、議論を重ねた上で、同じくインターネット上で知り合った、問題を共有している人たちと共に、前田元検事を特別公務員職権濫用罪で刑事告発した。

しかし、この告発は不起訴となり、裁判になることはなかった。

ここで二つ目の疑問が生まれる。

検察の不祥事を、事実上、検察自身が裁いてしまうとは、いったいどういうことなのか？

むろん、検察審査会という「検察を審査し、場合によっては、起訴相当議決を出すことによって強制起訴を行うことのできる機関」は存在する。しかし、検察審査会では、検察側は、委員会の構成員に、直接「説明」を行うことができるが、審査を求めた側は、そういった説明をすることはできない。しかも、その議事内容は一切公開されない。はたして、どのような議論が行われたのか不明のまま、この件は、審査会でも不起訴相当となった。

疑問だけを残し、なんとも後味の悪かった検察の問題がさらにクローズアップされたのは、さらにその数年後の一連の陸山会事件だった。この事件では、当時、政権交代前夜の民主党幹事長だった小沢一郎衆院議員は、検察が不起訴とした案件で、検察審査会で強制起訴されたのだが、このとき、私は新聞報道を見て唖然《あぜん》とした。審査会で公正な立場で助言を与えるはずの補助弁護士が、明らかに誘導的な説明を行ったと思われたからだ。

しかも、この強制起訴によってはじまった陸山会事件の裁判で驚くべきことが明らかになる。検察官がまったくでたらめな内容の報告書を作成し、それを検察審査会に送っていたという事実である。その目的が、証拠不十分で検察が起訴できなかった小沢氏を、検察審査会の議決によって強制起訴させようとしたことであるのは、誰の目にも明らかだった。

そして驚くべきことに、そのことが明らかになっても、検察はこの問題について、なにもしなかった。

検察が起訴しなければ、いかなる犯罪も、裁判にかかることはない。つまりそれは犯罪にならないということではないか。

このあまりの出来事に、私たちは、この虚偽報告書を作成した田代政弘検事と、それを田代検事に指示したと考えられる上司を、すぐさま刑事告発した。

この告発はすみやかに受理されたが、全国的な話題になったこともあってか、なかなか裁定は下されず、しかも、この間、問題の虚偽報告書をはじめとする一連の関連文書がインターネットを通じて何者かに暴露され、それを読んで、法務省の説明とまったく違うことに驚き、指揮権発動を試みた小川敏夫法務大臣が更迭されるという騒ぎにも発展した。

これによって、田代検事の作成した虚偽報告書は、明らかに上司の指示によるものであり、特捜部の組織ぐるみであったことが、より一層強く推認される事態になったが、結局、検察の自浄作用は働くことはなかった。田代検事が起訴されることはなく、検察審査会でも、一度は、不起訴不当議決が出たものの、強制起訴には至らなかった。

この検察審査会の補助弁護士に、なぜか、検察ＯＢの弁護士が選ばれていたということも、きわめて後味の悪い結果であった。

想像はできた。すでにインターネット上に流出していた証拠からも、裁判となれば、無罪になる可能性はきわめて低かったし、検察組織ぐるみの犯罪として、多数の検察官が有罪判決を受けるということになれば、検察の受ける傷は計り知れないからだ。そして、悲しいことに、検察には、自らの膿を出すだけの度量も勇気もなかったということである。

ここでさらなる疑問が浮かぶ。検察の不祥事をチェックする機関がまったく存在しないのであれば、これからも、検察官が犯罪を起こし、それが重大な結果をもたらした場合も、不起訴になるか、最小限のごく軽い罪で済んでしまうということになるのだろうか。

こんなことが起こってしまうのは、司法制度そのものの欠陥ではないのか?

これら一連の告発等を通じ、私は、検察や裁判に対する「チェック機能」というものがないということが大きな問題だと考えるようになった。

たとえば、大きな冤罪事件では、ほぼ必ずと言っていいほど、自白の強要や、その強要された自白を最大の根拠として下された判決(自白偏重主義)が問題になる。検察側が自らに不利な(すなわち被疑者に有利な)証拠を隠していたことなども、しばしば問題になる。検察側が、証人に異常なほどの回数の練習をさせたうえで(証人テスト)、検察の意図通りの証言をさせたというケースも多い。また、警察・検察がメディア相手に「容疑者が自白した」などという「事実と異なる発表」を行うことで、推定無罪の原則を踏みにじり、世論に、犯人の有罪が自明であるかのように思わせることも、公正な裁判にとっては、大きな問題があるだろう。裁判員裁判の場合は、尚更であることはいうまでもない。

むろん、検察の主張を鵜呑みにした判決を下す裁判官も問題だが、そこにも、根拠のない検察性善説がその根底にあるように私には思われる。

検察が起訴しなかった事件を扱う検察審査会に問題があることはすでに述べたが、それ以上に、検察が起訴した事件が冤罪であったことが明らかになった場合、なぜ、そのようなことが起こったのか、その問題を精査し、もし、そこに、何らかの問題が存在したのであれば、検察に依らずに起訴などを行う機関が存在しないのだ。だから、検察は「反省」することはない。反省のない組織に、自浄がないのは自明である。

そもそも、本来なら、検察に対して「物申せる機関」になるべき法務省が、文字通り、検察とつながった建物にあって、検察出向者がその要職を占め、事実上検察と「ツーカーの仲」であることも指摘しておかなくてはならない(世間を騒がしていた陸山会事件の虚偽報告諸問題に関して、法務大臣ですら、法務省幹部から事実と異なる説明を受けていたと、小川元法相が語ったことは、指揮権発動云々の問題とすり替えて、軽く見過ごされるべき問題ではないだろう)。

この根本的な問題を解決しない限り、多くの法曹が指摘しているように、刑事訴訟法改正などで部分的な可視化を行ったところで、司法の問題が解決されることはないだろう。

法務省と検察の分離、そして、重大な冤罪事件などの場合には、国会などで第三者委員会を立ち上げる制度を作ることが、日本の司法が「中世」から脱却するためには急務である。

八木啓代(やぎ　のぶよ)　一九六二年生。歌手。エッセイスト。アルバムに『Se Vive Asi』、『Esta Mujer』、『Lagrimas』など、著書に『禁じられた歌——ビクトル・ハラはなぜ死んだか』(晶文社、一九九一年)、『ラテンに学ぶ幸せな生き方』(講談社+α新書、二〇一〇年)などがある。また、郷原信郎『検察崩壊——失われた正義』(毎日新聞社、二〇一二年)に、郷原との対談が収録されている。

刑事司法へ「ことば・教育」にまつわる要求

札埜和男

法学部政治学科出身の国語科教員であり、専門が方言学である一方、模擬裁判に取り組む筆者が「刑事司法に言っておきたい」ことは二つある。

まずは「ことば」である。「被告人に方言権を認めよ。裁判官は方言を学べ」という要求である。換言すると「被告人が自分のことばで自由に話せる雰囲気を創れ。裁判官の地位に胡坐《あぐら》をかくことなく赴任地の文化を学べ」ということになろうか。「方言権」とは筆者の造語で「個人が方言で話す、誰からも妨げられない権利」である。ある法学研究者に方言権について話すと「方言権？　権利というからには侵害されたら罰則を科さねばならないが、その場合どんな罰則が生じるのだろう」と首を傾げられた。それでも「方言権」は基本的人権の一つだと考える。

これまで「法廷の方言」を調査研究してきたが、法廷で使われる方言にはさまざまな機能がある。しかしその機能を自由に使えるのは法廷を自らのフィールドとする法曹に限られる。方言は、法廷という場においては、被告人や証人を懐柔する権力として機能し、戦略として利用される側面がある。一方「法律の素人」が使うのは慣れない「標準（共通）語」である。素人にとって法廷は「非日常」の場であり、非日常のことばを使うことを強いられる。方言はアイデンティティを形成する。歯が立たない権力に対して、人生を左右する法廷で自分のことばを使う意味は大きい。

法廷は公的空間ゆえ、そこで話されることばが標準語であることは常識とされる。裁判官は転勤族であるため、地元方言に通じているわけではないので、誰でもわかることばで話すべきだというのはもっともらしい論理に思える。しかし、本当にその論理はもっともなことなのか。司法の場において尊重すべきは人権である。そう考えると、法廷で弱い立場にある人のことばこそ尊重されるべきではないか。大多数の「当たり前」のことばに少数の「ことば」が呑み込まれてよいのか。借り物のことばよりも自分のことばで話したほうが真実に近づくのではないか。初めて環境権を争い、方言で証言した「豊前環境権裁判」(一九七三年一二月一四日第一回公判　於福岡地裁小倉支部)での「法律があるから暮しがあるのではなく、暮しがあるから法律があるという原点を踏まえるならば、暮しの中から生まれたことばにこそ耳を傾けていただきたい」という、ある原告のことばは傾聴に値する。

裁判員裁判は各地裁で行われ、裁判員候補者もその地裁の管轄する生活圏の人々である。裁判員裁判ではその地域の方言こそが「標準」である。二〇〇九年一二月岐阜地裁で裁判官が「電柱」を意味する方言がわからずに被告人に問いただす出来事があった。被告人が「デンシンボウ(電信棒)を殴った」と答えたのだが、「何て言ってるんですか。もっと大きい声で」と質問した。被告人が「デンシンボウ」と再度答え、やっと意味を理解したのであった。裁判官にわかるように標準語を使わねばならないとされるが、合わせる必要があるのは裁判官のほうである。佐賀の「ない」(「はい」の意)、栃木の「ぶっくらす」(「殴る」の意)、大阪のイントネーションで異なる「(覚醒剤を)打った」のか「売った」のかなど、その土地のことばを知らなければ判断できない事例は確実に存在する。裁判員裁判での方言は、審理における事実の証明や裁判員への訴求力、裁判員同士の評議の活性化に寄与する機能を持つといえる。

法律用語だけではなく、生活語に敏感にならなければ裁けない。ある県の元弁護士会会長から「判断基準は変えるべきではないが、その地方の文化や伝統が理解できてこそ、その地に合った判断ができる。事実をきちんと認識できるかどうかは、その土地の文化を理解しているかどうかにかかってくる」という話を聴いたことがある。裁判における「判断」や「事実認識」にはその地域への「文化理解」が関わるということである。山形地方・家庭裁判所酒田支部に赴任三年目の武宮英子判事は、エッセイ「ここを故郷と思って」(仙台高等裁判所編『ＴＯＨＯＫＵ』二〇〇六年一〇月号)で、庄内弁のエピソードとともに「自分なりにその土地や人情を愛し、良さや悩みを知ろうとすることで、担当する事件の背景に迫り、裁判官として、より適切な判断に近づくことができるのではないか」と記している。すべての裁判官に彼女と同様の謙虚さを求めたい。

二つめは「教育」にまつわることである。「国語科の学習指導要領に法教育の項目を取り入れるよう一緒に文部科学省に働きかけてほしい」という要求である。一連の司法改革は教育の世界に法教育の広がりをもたらした。筆者は裁判員裁判が実施される七年前の、二〇〇二年から国語科において模擬裁判に取り組んでいる。二〇〇七年からは日本弁護士連合会主催の高校生模擬裁判選手権が開催されることとなり、第一回大会より国語科の課外授業として、勤務先の高校生有志を指導して参加してきた。五月末から八月上旬までどっぷり模擬裁判に浸かって四六時中取り組む。過去一〇回の大会で優勝八回、準優勝二回、一度だけ実施された東西対抗決戦で優勝と、日本の高校で一番充実した練習の質と量を誇ると自負している。

国語科ゆえに大事にしているのは、ことばにこだわることもそうであるが、議論は面白いということをわかってほしいことである。できたら、同じ教育をすべての高校生に施したい。しかしそれは無理なことである。或る日の練習の合い間に「君らみたいな議論好きが生まれても、少数では焼石に水で、日本の司法は変わらんなあ」と水を向けた。すると、ある生徒がこう言った。「高校の段階ではなくて、小さい頃から教育していったらいいと思います。幼い頃から当たり前を当たり前と決めつけない考え方や議論の方法を教育していく仕組みが整えば、変わっていくんじゃないでしょうか」。なるほど、と目を見開かされる思いだった。「桃太郎」を勧善懲悪の鬼退治の話としてではなく、言いがかりをつけてきた連中の強盗致傷事件として、「浦島太郎」を竜宮城で遊び呆けた大人の哀れな話としてではなく、説明も十分することなく玉手箱を渡した乙姫による傷害事件として考えられる柔軟な発想を持った子たちが増えることで、刑事司法は変わるかもしれない。

なぜ国語科で法教育か、と疑問に思われるかもしれないが、両者は関係が深い。まずは、法教育で養う力と国語科で育む力は一致する。二〇〇四年に出された法教育研究会「報告書」(法務省大臣官房司法法制部司法法制課)によれば、法教育を「法律専門家ではない一般の人々が、法や司法制度、これらの基礎になっている価値を理解し、法的なものの考え方を身に付けるための教育を特に意味する」と定義し、「法やルールの背景にある価値観や司法制度の機能、意義を考える思考型の教育であること、社会に参加することの重要性を意識付ける社会参加型の教育であること」、「実生活で生きて働く力として、思考力、判断力、表現力などを高めることを重視する」こととしている。このような力を養うには「国語」が最適である。なぜなら「高等学校学習指導要領国語科」の目標には「国語を適切に表現し的確に理解する能力を育成し、伝え合う力を高めるとともに、思考力を伸ばし心情を豊かにし、言語感覚を磨き、言語文化に対する関心を深め、国語を尊重してその向上を図る態度を育てる」とある。法教育で高めようとする力に合致する能力である。その視点からいうと、法教育が、社会科や公民科、道徳教育、特別活動の学習指導要領に位置づけられる一方で、国語科のそれにおいて全く位置づけられていないことはおかしい。また法のしくみの運用にはことばが必要不可欠である。法はことばなしに存在できない。法の基礎になっている価値や法的なものの考え方を身につけるためには、当然法を運用することばへの理解や表現、感覚といった力が備わっていなければならない。裁判員としてその事件の背景を読み取って判断するにあたっても、ことばの力が必要になってくる。法とはことばそのものであり、ことばを直接扱う国語科がそれを担うことは言うまでもない。

よく模擬裁判の授業実践で論理的思考力や表現力が養えた、という類の報告があるが、筆者は一番重要な力は「想像力」であると捉えている。知的ゲームに陥らないよう議論するためにも、ことばに命を吹き込むためにも、リアリティを持って資料の向こう側の人間や社会をイメージできる「社会的想像力」を養うことを心がけているのである。甲山事件の冤罪被害者である山田悦子さんを毎年お呼びするのもその一環である。「被害者はこの後怪我をしてしまったせいで職を失い、どうやって妻を養っていくのか、被告人はこのような事件を起こしてしまいこれからその家族はどうやって生きていくのか、当初はそんなことは一つも考えられず、ただ紙面の上で殺意はあったのかなかったのか考えてしまっていた。これではいくら「思考力」や「表現力」が身についたとしても模擬裁判をした意味はない」と記した、模擬裁判を経験した生徒の感想がある。裁判が知的ゲームに陥らないためにも、人間を見る眼差しが大切になってくる。この眼差しは「読む力」に基づくものであって、ここに国語で法教育に取り組む意味があるといえる。法は全ての人々に関わる。法教育は社会科、公民科の専売特許ではない。

また国語科の教材は法的な視点を取り入れることで「法文学ライブラリー」として整備できるほど豊かである。漢文の教材でもあり古典落語の演目でもある『饅頭怖い』は、民事・刑事事件として考えさせる授業へと展開できる。森鷗外の『高瀬舟』では、尊厳死をめぐる模擬裁判ができる。漫才コンビ「麒麟《きりん》」の一人である田村裕のベストセラー『ホームレス中学生』(ワニブックス、二〇〇七年)は「法律違反にあたる行為を探す」というテーマで読み合える。漢文教材の陶潜『桃花源記』ではユートピアとともに憲法を考えさせられる。丸山眞男の「「である」ことと「する」こと」は主権者教育として扱える。

これら一連の国語科における法教育は「臨床こくご学」(筆者の造語)として実施してきた。「臨床こくご学」とは国語の教材の内容に関わる各界のさまざまな現場にいる人をゲストとして教室に招き、生徒と一緒に考えたいテーマ(話題・争点)について語っていただいたり、そのスキルを披露していただいたりしながら、その教材の内容をさらに深める、そういった授業内容や方法を追究する学問である。「臨床こくご学」で実施する法教育を敢えて「法言語教育」と呼びたい。国語科の学習指導要領に法教育の項目が入れば、臨床こくご学としての法言語教育は筆者以外にも全国に広まり、それは、(時間はかかるが)やがて日本の刑事司法の改善に大きく寄与するであろう。刑事司法を支える良き市民が育つためにも、「国語科の学習指導要領に法教育の項目を取り入れるよう一緒に文部科学省に働きかけてほしい」と切に願う次第である。

札埜和男(ふだの　かずお)　一九六二年生。京都教育大学附属高等学校国語科教諭。日本笑い学会理事。『法廷はことばの教室や!——傍聴センセイ裁判録』(大修館書店、二〇一三年)、『法廷における方言——「臨床ことば学」の立場から』(和泉書院、二〇一二年)、『大阪弁「ほんまもん」講座』(新潮新書、二〇〇六年)ほか。

「叫びたし寒満月の割れるほど」

——西武雄さんの遺言

古川龍樹

〈「叫びたし寒満月の割れるほど」〉この句は、いわゆる「福岡事件」で強盗殺人の罪を着せられ、戦後初の死刑判決を受けた西武雄さんの獄中からの魂の叫びです。彼は、極寒のある日、小さな獄窓に浮かぶ満月に向かって、その月が割れんばかりに己の無実の想いを訴えたかったのではないでしょうか。逮捕されてから一貫して無実を訴え続けた彼は、獄中生活二八年後の一九七五年六月一七日朝、突然処刑されてしまいました。私たち生命山シュバイツァー寺は、西武雄さんらの雪冤を果たすため、「福岡事件」の再審運動を五六年間続けています。

「福岡事件」とは

一九四七年五月二〇日、終戦直後占領下の福岡市博多駅近くの路上で、軍服のヤミ取引の最中に中国人と日本人の二人の商人が殺され、その現場近くから八万円という大金が持ち去られる事件が起きます。翌日、警察はこれを「強盗殺人事件」と断定して捜査を開始、現金を持ち去ったとして西武雄さん(当時三二歳)を主犯、二人を撃った石井健治郎さん(当時三〇歳)を実行犯、他五名を共犯として逮捕しました。

西さんは、手付金として八万円を預かったと主張、ことここに至っては返却を要しないものと考えていました。

また西さんは実行犯とされた石井さんと、事件の起こるわずか数時間前に会ったばかりの初対面であり、殺人現場がどこかも知らない、と「強盗殺人」の計画も実行も全面否認します。

一方石井さんは二人の射殺をすぐに認めましたが、ケンカの仲裁に入ったが、相手がピストルを出そうとしたので、機先を制して相手を撃ってしまった、つまり過剰防衛による誤殺であり、「強盗」目的などではなかったと主張したのです。実際、殺された二人の商人が身に着けていたものは、一切奪われていませんでした。

しかし、殺された中国人は華僑の重鎮であり、戦勝国の立場に配慮したGHQ占領軍の圧力は、捜査や裁判にも及びます。警察での取調べでは、西さんは逆さづりにされ、水の入ったやかんで鼻に水を注がれました。石井さんも正座した足の下に警棒を挟まれ、上から踏みつけられるなどの拷問により自白を強要されました。他の容疑者は、「黙っているとお前達が死刑になるぞ!」と脅されて、警察官の作ったストーリー通りの嘘の自白をしてしまいます。そして全く物的証拠がないまま、これらの自白調書が「強盗殺人」の決め手となったのです。

また裁判でも、法廷に大勢の中国人が押しかけ、「全員を死刑にしろ!」という怒号が飛び交う異様な雰囲気の中で死刑判決が下されたと言われています。こうした違法な捜査と糾問主義の旧い裁判の手法によって、誤った審理がなされてしまいました。その結果、裁判では彼らの主張は全く受け入れられず、一九五六年上告棄却、二人は「強盗殺人罪」で死刑が確定してしまいます。偶然重なり合った別々の事件、「軍服のヤミ取り引き」と「誤殺事件」を捜査当局が結び付け、「計画的強盗殺人事件」として、無実の人間に死刑の判決を下したのです。

再審助命運動

死刑囚となった西さんは、家族に迷惑をかけまいと、離婚を決意、以降無実の訴えを聞いてくれるのは、拘置所に出入りする教誨師だけでした。そんな中、福岡拘置所の教誨師、古川泰龍（拙寺開山）が西さん、石井さんと出会います。古川は、特に死刑確定（一九五六年）以降に、必死に無実を訴える二人に心動かされ、独自に調査を開始、事件現場を訪ね、生き残りの証人に話を聞くなど、約一年をかけて事件の真相を探りました。そしてついに彼らのえん罪を確信し、一九六一年春より本格的に助命再審運動に乗り出したのです。更に事件の真相を綴った「福岡事件真相究明書〜九千万人の中の孤独」を半年かけて執筆、それを時の法務大臣に送り、執行阻止を直訴し続けました。しかし「造反」教誨師の古川に拘置所は教誨のさし止めを言い渡します。そこで古川は、僧侶本来の姿で、網代笠に手甲、脚絆にわらじをはいて、全国を托鉢行脚、街頭署名活動で世論に再審開始を訴え始めたのです。総てを投げ打った運動により、一家八人の生活は窮地に追い込まれ、生活は火の車、妻の経営する旅館はつぶれ、電気、ガス、水道も止められました。それでも多くの人に訴えて、世論の力で当時前例のない確定死刑囚の再審実現に向け取り組んだのです。そしてすぐに再審が叶わぬとも、死刑執行を阻止し続けるためには運動を続けるしかないと信じて頑張り抜いたのです。そんな一九六四年一月、全国民を恐怖に陥れた連続殺人犯、西口彰が拙寺へ運動を助ける弁護士を装い訪ねてきます。ところが彼の変装を姉が見破り逮捕されたことにより、「福岡事件」再審運動は、日本全国に広がることとなりました（小説『復讐するは我にあり』で有名）。しかし、その後一九六五年の第五次までの再審請求は、結局総て棄却されてしまいました。

再審特例法案と恩赦請願

それでも再審運動は、国会へも及び、やがて「再審特例法案」（「死刑の確定判決を受けた者に対する再審の臨時特例に関する法律案」）の上程として実を結ぶことになります。この法案は、社会党の神近市子議員が中心になり、「人道主義的な動機から、戦後の占領下に死刑判決を受け、今なお執行されていない死刑囚に、ゆるやかな条件で再審を許そう」と立案したもので、一九六八年四月に超党派で国会に提出されました。その理由には①占領軍の影響力の下、手続きの公正が保障されていなかった、②新刑事訴訟法の施行前後で、捜査当局は人権擁護の手続きに習熟していなかった、③物的証拠を欠いている、ことなどをあげ、西さん石井さん始め「帝銀事件」の平沢さん、「免田事件」の免田さんなどが対象となっていました。

しかし法務省の意向を酌んだ政府自民党は、これを認めるわけにはいきません。そこで、法案を廃案とする一方で、政治的な取引があり、翌六九年七月八日の法務委員会で、西郷吉之助法務大臣は、対象の死刑囚に「恩赦の積極的運用を考慮する」旨の発言をするに至ります。勿論、「再審」と「恩赦」では、話が全く違いますが、西さんは重い病を患っており、まず「命を助ける」ことを前提に、私たちは再審運動を恩赦請願に方向転換せざるを得ませんでした。しかし政府は、数人に恩赦を適用後、平沢さんの恩赦を却下するなど、約束は守られず、西さんたちは、更に結論を数年先送りにされるのでした。

在獄二八年後の無惨な処刑

それから六年後、変化が見られぬ状況に業を煮やした社会党の佐々木静子議員が、国会でそのことを追及すると、稲葉修法務大臣は、「死刑の判子はつかぬほうがいい。御説の事件については、早く結論を出して頂きたい」と、恩赦の準備が整いつつあることを匂わせる発言をしました。実際、法務省も動いており、被害者の中国人遺族にその心情を聞きに行ったり、また恩赦の是非を審議する中央更生保護審査会も会議を重ねていました。そしていよいよ恩赦の日は近い、と誰もが期待に胸を膨らませていたのでした。

そんな梅雨の最中の一九七五年六月一七日、古川ら支援者が、国会へ恩赦請願に出かけていた時、石井さんが無期懲役に減刑されたと一報が入ります。しかし、喜んだのも束の間、同日、西さんは死刑を執行されてしまっていたのです。処刑の数十分前、西さんと石井さんは「出所したら体を洗って古川先生のところに行こう」と運動場で話していたといいます。恩赦却下は既に六月初めに決まっていたにも拘わらず、それを処刑わずか二〇分前に伝え、同時に死刑の執行を言い渡したのです。遺書さえも残す時間を与えず、タバコを一本吸った後、彼は刑場の露と消えました。「恩赦」却下が事前に知られたら、再び再審請求をされ、執行に支障を来たすと考えていたからでしょうか……。全くのだまし討ちでした。西さんは所長に「石井に、最後まで闘うよう」伝えてくれと言い残したといいます。その無言の絶叫に、私たちはただ涙するほかありませんでした。同じ事件の死刑囚で、同じ日に一人は無期に減刑、一人は処刑と、二人の明暗を分けたものは一体何だったのか……こうして真相は闇に葬られてしまいました。

執行後初の再審請求とその終了

一九八九年一二月、石井さんは再び恩赦で「仮釈放」されます。逮捕から四二年七カ月が経ち、七二歳の老人となっていました。彼は、西さんの遺言通り、私たちとともに再審に向け準備を始めます。そして二〇〇五年五月二三日、石井さん本人、西さんの遺族らが申請人となり、拷問を受けて自白したという証言ビデオなどを新証拠として、「福岡事件」の第六次再審請求を福岡高裁へ提出したのです。これは、戦後初の死刑執行後の再審請求であり、私たちは再び再審運動へ全力で取り組むことになったのです。

石井さんは、仮釈放後、拙寺や老人ホーム、そして病院で仮住まいの余生を過ごしました。晩年、病床に伏しながらも「西君はこの事件に関係ない」と明確に答えていた姿が今も思い出されます。しかし二〇〇八年、そんな雪冤に捧げた壮絶な人生を送った石井さんも、更に続いて西さんの遺族も亡くなり、第六次再審請求は、時間切れで終了となり、事件は再び闇に葬られてしまいました。

限界を迎えた再審運動

あれから八年以上が経ち、私たちは、今も次の再審請求の準備を進めています。ただ「針の穴にラクダを通すほど困難」と言われる日本の再審制度では、事件当事者(または直系遺族)しか請求できず、審理されていない新証拠が求められます。七〇年も前に起こった「福岡事件」では、他のえん罪死刑事件と同様、どれだけ無実を訴えても、結局時間が総てを闇に葬り去ると言っても過言ではありません。それでも毎年、再審キャンペーンを続けていますが、事件の風化と共に運動も「限界」に近づいています。

こうして運動が行き詰る中、私たちは今一度、西武雄さんの遺品の整理を始めました。風化に抗い、彼の生きていた証を再確認するためです。一九一四年福岡県生まれ、海軍少佐を勤め上げ、戦後はトラック運送業、鮮魚卸しなど多角経営をしていた彼は、次の仕事の資金稼ぎにと、軍服の取引の手伝いを引き受け、事件に巻き込まれました。そして逮捕から二八年間の獄中生活後、還暦を迎えたばかりの彼は、苦悩の生涯を突然終わらせられたのです。遺品の中でも、特に仏画・写経は、二八年間で三〇〇〇巻にも及びます。「罪を償うためではない、誰も聞いてくれない己の無実を「仏よ、どうか聞いてほしい」」と、描き続けました。一点一画寸分の乱れもない祈りの線は、彼の願いの極致でした。それらを販売し、同じ社会から隔離されたハンセン氏病の人たちへ、と鹿児島の星塚敬愛園に梵鐘を送りました。それは今も人びとの心の渇きを鎮めて鳴り響いています。また一万句以上残る彼の俳句には、処刑直前まで「冤罪」「無実」「雪冤」の文字が刻まれ続けています。

冤罪を励ます賀状房に積む
無実の獄二十八年の改まる
生き生きむ無実の獄に去年今年
今年また無実の獄の地獄かな
雪冤の師の賀状の字太くつよし（処刑年の正月の俳句。傍点筆者）

処刑直前まで続いていた無実の訴え、彼は「九千万人の中の孤独」を獄中で生き抜きました。明日なき絶望の日々を、冷酷無情の獄窓に重ねて二八年、その血涙滲む苦衷を、魂の叫びを思い起こす時、私たちは運動を止めるわけにはいきません。

日本の刑事司法と西さんの遺言

「無言は、嘘に対する真実への絶叫である」（一九六二年四月西武雄書簡）。「福岡事件」の再審運動を通して、私たちが日本の刑事司法を考える時、それは「絶望」でしかありません。現場も知らない西さんは、仲間の嘘の自白により死刑判決。数度の再審請求は門前払い。それでも恩赦を信じていた彼は、二八年後に突然死刑執行されます。私たちが漸く遺族を説得して果たした死後再審、しかし彼らが亡くなると再審終了。今私たちは、風化を防ぐことで精一杯です。「真実を明らかにする」刑事司法が、「嘘に対する真実への絶叫」に全く耳を貸さないならば「絶望」以外の何物でもありません。西さんは、日頃から「誤判によって無実の者が死刑になるという悲しい出来事が今後再び繰り返されてはならない」と語っていました。「叫びたし……」、叫びたくても叫ぶことができなかった無言の絶叫、この彼の叫びを聞くために「福岡事件」を検証し直し、過ちを反省しなければならないのです。そして、一刻も早く刑事司法を見直さなければなりません。

二〇一七年、事件後七〇年、この七〇年前の事件に対して「何故この事件に拘り、運動を続けるのか」「現在の事件に取り組まないのか……」と多くの人に尋ねられます。「福岡事件」が占領下の特別な状況に起きた事件であり、今はこのようなことは起こらない、と人々が思い込んでいることからの疑問なのでしょう。しかしこの事件のえん罪の構造は、時代背景だけでなく、第二次大戦中に制定された「戦時刑事特別法」の名残が戦後も続いていることにも原因があるのではないでしょうか。そしてそれが現在もえん罪を生み出すことに大きく関与しているのであれば、戦後最初期のえん罪事件である「福岡事件」を解決しない限り、今後も同様のえん罪事件は生み出され続けるのです。西さんは、日頃「誤判によって無実の者が死刑になるという悲しい出来事が今後再び繰り返されてはならない」と語っていました。「福岡事件」の再審が実現し、真実が明らかになることで日本の刑事司法に対して一石を投じることができれば、それが彼へのせめてもの餞《はなむけ》となると信じています。「たった一人の命すら守れない世の中を私は信じることができない」(古川泰龍詩)、その上で、西さんの命を守れず、苦しみを放置し続けているこの私たち自らの社会が、「たった一人の命であっても守れる世の中」になることを信じて、私たちはこの歩みを止めるわけにはいきません。石井さんに「最後まで闘うよう」にと残した言葉は、今や社会への遺言でもあります。この西さんの遺言を叶えるため、私たちはこれからも「福岡事件」の再審運動を続けていきます。

古川龍樹(ふるかわ りゅうじ) 一九六〇年生。僧侶。生命山シュバイツァー寺代表。

Ⅳ

座談会

「大改革時代の刑事司法」

出席者（発言順）

指宿　信（司会）
浜田寿美男
佐藤博史
後藤　昭
木谷　明
浜井浩一

各巻のねらい

指宿　はじめに、それぞれの巻の編者のみなさんに『シリーズ　刑事司法を考える』に込める意気込みについてお話しいただけますか。まず第1巻の浜田寿美男さんから順番にお願いいたします。

浜田　このシリーズで、供述をめぐる問題が第1巻に据えられていることの意味を考えています。冤罪をめぐっては、いわゆる科学鑑定の問題が指摘される一方、他方で供述をめぐる問題も歴史的に非常に大きい問題としてあって、戦後すぐの事件から今日まで、大きな問題が払拭されないまま今日に至っているのではないでしょうか。

私の場合、帝銀事件など、古い再審事件にかかわることがいまでも多いのですが、当時から始まっている問題がいまも変わらず続いているという印象です。冤罪というと警察・検察のでっち上げのように言われますが、実はでっち上げたとされる取調べ側自身も冤罪の中に巻き込まれているというか、彼ら自身も信じ込んでしまっているところがあります。我々は冤罪を国家権力が仕立て上げたものとして理解しがちですが、実は、取り調べる側、取り調べられる側、いずれも同じ人間であって、人間の現象として冤罪をとらえる視点が必要ではないかと最近強く思うようになりました。

そういう目で見た時に、取調べの可視化や裁判員裁判をどう考えるかが問われます。いま可視化の動きが始まり、裁判員裁判という形で一般の人たちが刑事裁判に参加し始めています。ですが、問題の根っこがそれでうまく払拭されるとは思えません。録音・録画という可視化の試みによって、書面を用いた日本の「精密司法」にもう一段輪をかけることになるのではないかとの危機感を抱いています。それをどう見るのかということも含めて、第1巻で問題を整理したいと思っています。

佐藤　第2巻は『捜査と弁護』というタイトルです。犯罪捜査は、真犯人を逮捕し起訴することを目的としていますが、同時に人権侵害が起きやすい過程です。しかも、間違った人を起訴してしまった場合、公判のできるだけ早い段階で真実に到達し、正常化する必要があります。無実の人は、できるだけ早い段階で発見されなくてはならないのです。つまり、警察・検察と弁護は、立場は異なるけれども、同じように真実を求めるものだと私は思います。「人権」と「真実」は対比されることがありますが、人権を尊重しながら真実の発見を目指すという、非常に難しい課題にどう取り組むかを改めて考えなければなりません。

もう一つ問われなければならないのが科学的証拠の問題です。科学的証拠は取調べに依存しない客観的なものだから、人権尊重につながると説かれます。しかし、足利事件が象徴的なのですが、科学の名による新しい冤罪も生まれています。それは、私たちが科学的証拠を十分にコントロールできないまま導入しているからだと思います。「捜査と弁護」をめぐっては、こういった新しい課題が生まれています。

今年(二〇一六年)、日本初の試みとして、日本版イノセンス・プロジェクトというDNA鑑定などによって冤罪証明を行う非営利団体が活動を始めました。これは刑事司法全体にとってもかなり大きな変革の契機になるのではないかと思います。同時に、いま浜田さんが言われた取調べの可視化に私たちはどう取り組むのか、取調べの可視化は本当に真実の発見や人権の尊重に役に立つのかということも新しい課題です。その意味で、このシリーズは時宜を得た企画だと思います。

後藤　第3巻は、どういう人たちが刑事司法を動かしているのか、あるいはそこに参加しているのかという観点から、現在の刑事司法に光を当ててみたいと考えて組み立てたものです。

その中でも、いわゆる法曹——法律家だけではなくて、いろいろな形でかかわる人、つまり、被疑者や被告人として裁判にかかわる人、裁判員として、あるいは検察審査会を通してかかわる人たち、さらに広げれば通訳、鑑定人、報道という形で刑事司法にかかわる人たちも含めて書いていただいています。ただし、被害者は別の巻でまとめて取り上げているので、ここでは扱っていません。

特に裁判員裁判が始まってから「担い手」がぐっと広がりました。いままで専門家に委ねられていた領域に、専門家でない人たちが重要な役割を持って入ってくるようになりました。そのことが刑事司法に対する国民一般の関心を引き起こしつつあるのではないでしょうか。そういう兆しが見えてきていると思います。

突き詰めて言えば、刑事司法の担い手は国民自身です。国民が要求するより高い水準の刑事司法はおそらく実現できないので、刑事司法の水準は最終的には国民の要求水準によって規定されるのだと思います。それだけに、専門家と国民の役割分担――それぞれどういう役割を果たすべきかが改めて問題になるのではないでしょうか。

別の表現で言うと、刑事司法を民主化するのが良いのか悪いのかという問題になります。たとえばアメリカでは、刑事司法のあり方が政治的な論点になっていて、それが選挙の争点になったりします。「私は死刑を積極的に執行する」と主張する候補者が票を集めたりします。それはある意味で刑事司法の民主化であるかもしれないけれども、それが良い姿であるとは思えない。刑事司法には一定の、専門家的な合理性が必要だと思います。ですが、専門家の発言力はいままでのような専門家の権威とか秘密主義では保てないので、専門家の主張にどれだけ説得力があるかが、今後問われていくのではないかと考えています。

指宿　私が担当している第4巻は被害者がテーマで、非常にデリケートな問題を扱っています。この間、被害者の保護や支援が進展しました。たとえば、性犯罪が親告罪から変わろうとしていますけれども、従来の被害者保護や支援を超えて、いまや法律そのものの前提までも被害者の声によって変えようという時代です。そういった被害者の声――後藤さんが言われた「国民」ですね――、専門家でない人たちの声がどんどん刑事司法の分野に流れ込んできていますけれども、被害者の声をどう反映させていくか、刑事司法の専門家たちはこれまではあまり重く受け止めていなかったところがありました。つまり、専門家がつくったステージに素人の方々に乗ってもらうという意識が強かったと思いますが、今後は、非専門家によって刑事司法が動かされる時代、刑事司法のグランドデザインをどうしていくか問われている時代だと思います。

さらに言えば、女性、フェミニズムの視点があります。日本の刑事司法全体において弱かったのですが、欧米諸国では、おおむね八〇年代から九〇年代にフェミニズムの影響を受けて、手続法も実体法もかなり変わりました。しかし、こうしたムーブメントは日本では起きなかった。それがいま遅れてやってきている、それが性犯罪の見直しにもつながってはいると思います。

他方で、被害者の声を刑事司法に取り込んでいくための方法論はまだ十分に確立できていません。修復的司法という、被害者と加害者の関係性を修復していく、あるいはコミュニティにおいて加害者を受容して、その関係を回復していく実践が、必ずしも日本では成功していない。いまは加害者の家族までバッシングの対象になってコミュニティから排除されることも多く、なかなか展望を見いだしにくいということを、第4巻の編集を担当して感じました。

木谷　第5巻は裁判がテーマです。一般読者を前提としたシリーズですから、まず、いまの刑事裁判がどういうふうに行われているのかをわかりやすく解説することを前提に、①裁判員裁判が導入されたことによって実際にどう変わってきているのか、②問題点はどこにあるのか、③まだまだ欠陥の多い裁判のシステムを将来どう変えていくべきかという、三本の大きな柱を立てて、それに基づいて順次原稿を書いてもらっています。

浜井　第6巻のタイトルは『犯罪をどう防ぐか』で、犯罪防止と再犯防止を全体の枠組みとしています。日本の刑事司法を考えるシリーズにこの分野が入ったこと自体、画期的なことだと思います。私は一九年間法務省に勤務していましたが、たとえば『犯罪白書』をつくっていても、「刑事司法」という言い方をすると、裁判までを指します。

法務省時代にアメリカに留学する機会を与えられ、犯罪学を勉強しました。英語のクリミナル・ジャスティス(criminal justice)は、裁判にとどまらず、矯正・保護といった犯罪者が社会復帰して更生するところまでを含んでいます。しかし、日本に帰って来ると、刑事司法は裁判までで切られている。「どうしてこうなんだろう」と、単なる憤りを超えて、これが日本の刑事司法の根幹にある問題だと考えるようになりました。日本の刑事司法は一見うまく行っているように見えるかもしれませんが、いざ市民参加が始まってみると様々な問題点が見つかっています。制度が変わって、いろいろな点で可視化がすすめられ、規制が少し緩和されるにしたがって、ぽろぽろと問題点が出ているのが現状だと思います。

そもそも日本は他国に比べて犯罪が非常に少ないので、多少、うまく行っていなくてもそれほど大きな社会問題にはなりにくい現実があります。特に、国家予算に占める刑事司法予算は諸外国に比べて少ないので、その意味でも政治的課題にはなりにくかったのだと思います。

私が担当している第6巻では、「福祉と司法の連携」をテーマにした原稿が一番最初に提出されました。その中で、福祉と司法との連携に取り組み始めたとある都道府県の福祉の担当課長が、「なんで自分たちが法務省の尻拭いをしなくちゃいけないんだ」と言ったそうなのですが、この原稿の著者は、「そもそも福祉の尻拭いを法務省がしているのだ」と説明しています。刑事司法の分野でも最後の尻拭いを矯正なり保護なりが担っているのですが、そこにはなかなか光が当たらない。刑事司法は、警察・検察・裁判所・矯正・保護と分かれていますが、各パート間のコミュニケーションも実はうまくいっていません。しかし、そのことは、あまり問題になっていません。それぞれの分野の人たちが、それぞれの仕事を粛々とこなしているうちに、どんどんお互いの溝が深まっている――それは、私が法務省で『犯罪白書』を編集していた頃から感じていました。このシリーズが、他分野の試みに耳を傾け、自分たちの分野で行われている改革が、他分野といかに有機的に結びつきうるのかを考える一つのきっかけになれば、と思っています。

第6巻だけでなく本シリーズの原稿を読んで、これまでの刑事司法は人を大切にしてこなかったということをあらためて感じました。刑事司法において、裁判までは、人ではなく行為や事件ばかりに焦点が当たってしまう傾向が強いのですが、矯正保護においても、刑罰終了後に、罪を犯した人がどのように人生を歩んでいくのかという視点が欠けていたということを再認識しました。特に刑事司法では、「犯罪者」と言われている人たちが自分たちと同じ人間であるという発想が欠けていると思います。罪を犯す人たちは自分たちとは異質で危険な存在という考えに基づいて、厳罰化をはじめとする様々な政策がとられてきましたが、結局はうまくいっていません。たとえば、刑務所を満期で出所した人の再犯率(再入率)が出所後一〇年経つと六〇%近くになっています。これは諸外国とたいして変わらない数字で、日本の犯罪者の犯罪性を考えると高すぎると思います。ですが、私はこれを低くしていくことは可能だと考えています。人に焦点を当てた刑事政策、刑事司法を、第6巻を通じて考えていきたいと思います。

指宿 刑事司法を語ると、どうしても制度論になってしまって、いま浜井さんがおっしゃったように人になかなか焦点を当てていない。人に向き合うのは現場任せで、制度を論じる人は、人をどう扱うかということは基本あまり考えない。

浜井　今回の0巻の人たちはいろいろな意味での当事者の方が多いですね。

指宿　そう。1巻から6巻までに乗らない人ですね。

浜井　0巻を読んでいて、彼らが共通して訴えようとしているのは、専門家の人たちの意識改革ですね。「初心に帰れ」と書かれた方もいましたが、そこが大事ではないかと強く感じました。

刑事司法改革をどう見るか

指宿　意識改革ですが、今回の法制審議会の刑事司法改革は、専門家の意識改革までも含んだ、あるいはそこにインパクトを与えるようなものだったのか。過去一〇年にわたる刑事司法改革や矯正保護改革をどう見るか、を次に議論したいと思います。

浜田　供述という点では、可視化の問題が一応法制化して実現されるのが二年後ということで、実際に試行され、もう録音・録画がなされて裁判の中でも使われるようになり、我々のほうにも録音・録画がデータとして回ってきています。「改革」とは言っていますけれども、これまで刑事司法はどういう問題を持っていたのかという問題のありかを明確にした上で改革がなされたのかというと、残念ながらそうではないように見えます。

そのために、たとえば可視化がなされていても、これまでの書面に基づいた精密司法の上に録音・録画の膨大な時間をかけたものを乗せただけと見えるケースが出てきています。取調官のほうも任意性、信用性が法廷で問題になることを知っていますから、任意性、信用性が担保できるというか、そういうふうに見えそうな言葉を選んで取調べを行っているように見える。そこの部分を取り出して、取調官はこういうふうに言っているのだから、十分任意性を意識しながら本人の任意性を確保している、だから信用していいのだみたいな判決につながるような、可視化はされたけれども可視化の意味というのが十分見えていない判決が出されるおそれがある。

可視化がなされたがゆえに、これからは強引な暴力とか明確な利益誘導とかはなくなっていくだろうと思います。そういうのはヤバイからやめろという形で指導もされているし、自分たちもそういう訓練を受けて、それで十分防げるのだと思っているように見える。けれども、実際、一番虚偽自白が起きやすいのは、暴力とか拷問とかいう法的には許されないような取調べで起こっているのではない、捜査官がこいつが犯人だと思い込んで譲らず、被疑者を執拗に調べる、いくら「やっていない」と言っても聞いてもらえないなかで、被疑者が疲弊して自白に落ちる、というケースが一般的であるように私には見えるんです。

取調室の中に置かれた時に人はどのような状況になるかということについて、もう少し想像力をめぐらせて、少なくとも自白が問題になるようなケースについてはこういうことが起こり得るのだ、ということを裁判員にレクチャーする機会を持たないと冤罪は防げないのではないかと思っています。その点で可視化が、かつての任意性、信用性の判断の延長上で逆に使われてしまう危険性を感じていて、それを何とかほぐしていく手立てをしていかなければいけない。第1巻もそういう問題性を明確に指摘できるようなものになればというような思いでいます。

指宿　ここで、法制審議会特別部会の委員を務められた後藤さんのお考えをうかがいたいと思います。いま浜田さんから、可視化が始まっても取調べを行う側の意識が書面調書時代と変わっていないのではないかというご指摘がありました。私も法制審議会の議論を見ていると、変える気はないのではないかと思うところがありました。この点について、後藤さんはどう思われますか。

後藤　特別部会の議論では、可視化によっていままで得られたような供述が得られなくなることに対する、ある種の恐怖感のようなものが、捜査機関の側には非常に強くありました。そのことが、可視化の範囲が限定されたとか例外が多いという形であらわれてきているのは確かだと思います。依然として取調べの重要性に対する意識が強いですし、また現実に一生懸命取調べをしているということもあります。ですが、特に検察官の意識は変わってきているという感じを受けています。

指宿　たとえばどういうことですか。

後藤　簡単に言えば、自白させなければいけないという強迫観念から少し自由になってきているのではないか、自白が取れない検事はだめな検事だというのはちょっと古いという感覚が、検察庁には生まれてきているのではないか、ということです。では、新しい取調べの方法はどうあるべきかについては、まだ共有されてはいないと思います。けれども、若干意識の変化はあるのではないでしょうか。

自白の任意性と信用性

佐藤　お二人の話は、問題の所在を示していると思いますが、異論もあります。まず浜田さんのお話の中で「任意性の問題」と「信用性の問題」が一体のものとして語られました。しかし、私の理解では、録画は任意性の検証のために用いるのが本来の趣旨で、直ちに信用性の評価に使うというのは危険だし、それ以外の証拠を見るはずだったのに、焼け太りと言われているように、これを恰好の材料と警察・検察も考え始めているわけです。これは浜田さんがずっとおっしゃっていることだし、私もそう思うけれども、自白の中に真実は端的に現れるはずで、自白は極めて重要な証拠です。浜田さんの言われる、「自白が無実を証明する」というのは、私も本当にそうだと思います。我々が自白を正しく評価する手段を持ってさえいれば。

次に後藤さんが言われたことだけれども、検察官が取調べを重視しなくなっているというのは本当にそう思います。特に外国人には取調べが難しくなりましたし、可視化になれば、たとえば取調べを拒否した場合、昔のように説得して黙秘権を放棄させるようなことはできなくなりますから。取調べに依存しない捜査というと、何となくプラスのように思えるのですけれども、反面、それ以外の証拠で有罪になればいいというふうになって、その分冤罪が増える可能性があると私は思います。

もうアメリカでは弁護人が付いたら取調べを諦めているんですね。日本にもアメリカの影響が及んでいて、黙秘権の保障が過度に強調されています。しかし、浜田さんのお話に戻ると、取調べによる被疑者の供述は常に極めて重要な証拠です。捜査官がそのことを忘れたら捜査ではないとさえ私は思う。そして、弁護人も、そのことはわかっていなければいけないのに、取調べを拒否させるのが捜査弁護だという、かなり強い信念を持っている弁護人も少なくありません。しかし、私ははっきり言ってそれは誤りだと思います。

浜田　裁判員裁判になったある事件では、被告人の膨大な量の録音・録画データがあるんですね。それで正式に証拠として提出されたのは起訴直前に取られた検察調書で、そこに至るまでの録音・録画は任意性のチェックに使うという建前になっているんですが、取調官もそれがわかっていますから、表向きは任意性に欠けるように見える取調べはしていません。でも、実際はそれくらいで虚偽自白を防げるほど簡単なものではありません。結果として、長期間の取調べの果てに整理されて出てきた検察調書の信用性がそのまま認められるという構図になるんです。

佐藤　建前はそうですね。

浜田　これは取調べに熱心ではなくなったという話と絡むかどうかわかりませんけれども、非常に危ないなと思っています。

佐藤　袴田事件では調書は四五通でしたね。

浜田　そうです。

佐藤　四四通が任意性を否定されて、一通だけ任意性があるとされた。弁護士というか法律家は、任意性が否定された調書はもう相手にしなくていいとして、残った調書とだけ格闘していたわけです。ところが、法律家ではない浜田さんは、供述の変遷とか、むしろ任意性で捨てられた証拠の中にこそ真実があるのだ、ということを指摘されたわけです。それはいまのことに重なっているわけですね。

浜田　文字通り重なります。

佐藤　結局、私たち法律家が持っていた方法が本当に正しい方法だったのかどうか、ＤＮＡ鑑定も含めて別の分野から光が当てられつつあって、あるべき司法を見直す必要があるという時代を迎えているのではないかと思っています。

浜田　そうですね。裁判員裁判が始まってから証拠開示がかなり広くなったこともあって、袴田事件など、かつての古い事件で、実は取調べの録音テープがあるということで開示されるケースが出てきています。これがまた、実に興味深いんです。調書がどうつくられるかというプロセスが、可視化されると見えるんですね。狭山事件の取調べ録音テープも、取調べ全体のせいぜい一割程度ですけど、開示されて、これを鑑定したんですが、調書とそのときの録音テープを対照させてみると、取調べ側が都合よく「編集」していることが丸見えで、被疑者本人の喋った部分は二、三割もなくて、あとは取調官の側でつないでいる。それは「編集」の域を超えて、ほとんど調書「偽造」なんです。そういうことが平然と行われているということが、可視化されたことで初めて見える。逆に言うと、可視化されるという前提で取調べを行えば、そうした部分は全部伏せた形で行われることになると思いますので、全面可視化しないとまずい、ということがよく見えます。

木谷　いまの点と関連するのですが、私が最高裁調査官の時に担当した柏の少女殺し事件では、取調官が中学生を相手に、「こうだったのではないか」「はい」「ああだったのではないか」「はい」「こうだったんだろうな」「はい」、というやりとりを通じて調書を作成していました。この事件は結局、少年法二七条の二による保護処分取消しに関する判例（最決昭和五八年九月五日刑集三七巻七号九〇一頁。保護処分を取り消さない決定に対しても抗告できるなどとしたもの）になったのですが。

指宿　取調べの過程がどうしてわかったのですか。

木谷　記録と一緒に録音テープがちゃんとあったんです。ところが調書は、こういうふうにやりましたと、全部本人が語ったものになっています。そこで私は、調書と録音が全く合っていない、こんな調書は全然信用性がないという報告書を出したんです。そうしたら上席調査官が、「その録音で本人はこの通り述べている。はいと答えているではないか」と言うんですよ。「間違いなく本人の供述が録音されている。調書の通りだ」と。ですから、録音されていたとしても、聞く人によっては危ない。これは恐ろしいことだ、と実感しました。

佐藤　結果としては、いい方向に行った事件ですね。

木谷　はい、そうです。でも、すごく苦労しました。

後藤　私は佐藤さんと少し考え方が違うのですが、先ほどのお話を聞いて思い出したことがあります。明治六年に改定律例《かいていりつれい》がつくられました。そこでは当初、自白がなければ有罪にできないとされていたのですが、三年後に、ボワソナードの拷問廃止の建議を受けて証拠裁判主義を取り入れました。拷問による自白から生ずる冤罪を防ぐことには重要な意味があったし、拷問自体が人道に反するというボワソナードの考え方が影響して、ようやく日本の刑事司法の近代化が始まった象徴的な出来事だと思います。

ですがその時、元老院ではこれによって冤罪が増えるのではないかという議論がありました。なぜかというと、これまでは非常に怪しいけれどもなかなか自白が取れないので一生懸命調べていたら、そのうちに間違いがわかる、ということがあった。ところが証拠裁判主義では自白がなくても有罪にできるので、簡単に冤罪が起こってしまう。だから上訴制度としての控訴が必要だ、という議論です。いま考えるとすごく面白いでしょう。

木谷　佐藤さんの意見と共通する考え方ですね。

後藤　そういう面は確かにあるのかもしれないけれども、大きな目で見た時に、被告人の供述が有罪・無罪の決め手になるのだと位置づけることがいいのかどうか。事件によっては、それで解明できること、正しい結論に至ることがあると思うけれども、そこまで確実な判断が、たとえ浜田さんによっていつでもできるのか。しかも、浜田さんは日本に一人しかいないわけで、全ての刑事事件の調書を鑑定することなどできません。トータルで見ると、調書に頼るのはやはり誤判を増やすことになるのではないかというのが一つの問題です。

真実主義と当事者主義

後藤　もう一つは、これは刑事弁護の理想像というか、弁護が何を目指すかということとも関係しています。佐藤さんの弁護の方法は、ある意味で、真実追求ですね。

佐藤　そうです。真実主義者です。

後藤　それに対して、いま多くの弁護士たちが考えている当事者主義的な弁護のあり方は、被疑者や被告人を証拠方法としてとらえない考え方です。これらはおそらく対立するでしょう。どちらがよいのか。そもそも弁護は何のためにあるのか。もっと突き詰めれば刑事裁判は何のためにするのかということに、この問いは行き着くかもしれません。

佐藤　当事者主義的な弁護をした場合、その分、冤罪の危険性が高まります。アメリカがいい例だと私は思います。供述というものに依存しない司法を目指すと、浜田さんがさっき言われた、任意性とかを争って、供述を捨ててしまい、その他の証拠で判断してくれという考え方に至る。それは間違いだということを私は浜田さんに教えていただいたと思っています。

ＤＮＡ鑑定によって冤罪を証明するイノセンス・プロジェクトによって信用できると考えられてきた自白や目撃者の証言が虚偽だったことがわかり、イノセンス革命と呼ばれています。それが世界の新しい潮流です。あるべき取調べとは何かについても、イノセンス革命の教訓を踏まえたものでなければいけません。つまり、後藤さんがおっしゃっていることは、まだそういう科学というものを知らない、供述心理学による判定というものを知らない刑事司法の中で、人権を擁護しながら真実を追求するという一つの方法で、そういう意味で言うと、当事者主義というのはオールドファッションだと思います。私は、やはり究極の目的は真実で、人権を守るだけではだめだ。それは逆に人権を守らないことにつながる可能性がある。そういうふうに思っているんですけれどもね。

浜田　僕は異論はないですよ(笑)。

後藤　そこまで踏み切るのは難しいと思います。若干飛躍があるかもしれないけれども、そのような考え方は、ある種の科学信仰に陥るのではないか、という恐れを感じます。

指宿　私は最近、「治療的司法」というものにかかわって、研究会をやったり弁護士を対象とした研修をやったりしています。つまり、当事者があまりにも対立的な立場に立つことによって罪を認めて更生をするきっかけを失ったり、あるいはそのために役に立つような情報が明らかにならなかったり、見過ごされたままにされてしまう。それが捜査段階から公判まで続くことによって、事実は争いようがないから刑務所に行くとか、あるいは執行猶予で社会に出ても、その人の人生にとっても社会にとってもプラスにならない。それよりも、最初から罪を認めて、自分がどういう事件を犯したかを――ちょっと語弊があるかもしれないけれども――きちんと自白させて、その人に必要なのは何かを考える……。

佐藤　そうそう。

指宿　そしてそれは刑罰だけではない、というのが治療的司法です。先ほどの浜井さんの話にもあったように、行為や責任が主体となって、人間があとからついていくような刑事司法が実践されてきたので、なぜその人が罪を犯すことになったのか、何を解決すれば犯さないで済んだのかということが検討されないままにされることが、再犯率、刑務所への再入率の高さにつながり、特定の人たちがそのループから抜け出せなくなっているのではないか。これを矯正保護のあとの段階だけに押し付けるのではなくて、もっと早い段階からアプローチすればいいのではないか――これが治療的司法という考え方です。ようやく検察もこれを取り入れて、ただ不起訴にするだけではなくて、まずは福祉につなげる入口支援や、刑を終えたあとで社会復帰を目指す出口支援が生まれてきました。他にもたくさんの改革が行われていると思いますが、浜井さん、いかがですか。

浜井　いまのお話はどちらも大事だと思います。たとえば自白や取調べを重視しないで客観証拠だけで手続を進めてしまうと、全く人を見ていないことになります。その人を罰することだけが目的であれば、それでいいのだと思います。

ですが、本人にやったことをきちんと認めさせて、事件を解決した上で、その人にどうなってもらうかまで考えないといけないのではないでしょうか。つまり刑事司法が、犯罪という社会問題の解決、言い換えれば、再犯防止にどう貢献するかまでを考えるならば、全く人を見ない取調べではいけないと思います。人を見ない取調べでは、動機以外の観点でその人がなぜ事件を起こしたのかを問うことはないので、検察も警察も裁判所も、そこから福祉などにつなぐという発想は全く生まれてきません。

一つの方向性としては、第0巻で落合洋司さんが書いているように、罰する事件と罰しない事件とを分けて考えるということもありうると思います。たとえば、無罪を争っている事件とそうでない事件や、非常に軽微で、どう考えても刑務所に送るような事件ではないケースと、そうでないケースがごっちゃになって議論されていることには整理が必要だと感じています。

指宿　いわゆるダイバージョン(diversion)ですね。

浜井　そうです。いわゆる治療的司法の考え方と同じです。早い段階でダイバージョンを行い、厳しい刑罰が必要のないものを振り分けていく。本人も罪を認めて「悪かった」と言っているし、被害も軽微だ。では、どうすればこの人が刑事司法の現場に戻って来ないようにできるのか——そういう視点を取り入れたシステムをつくれば、解決できる問題は多いし、日本の再犯率は相当下がるでしょう。こうした点を今後は考えていかなければいけないと思います。

先ほどの議論で思い出したのは、ノルウェーの犯罪学者ニルス・クリスティの発言です。彼は、「自分は刑罰否定論者ではなく刑罰ミニマリストだ。どうしても刑罰が避けられない場面はきっとあるだろうが、そうでない場面においては、その人が起こした問題を解決し、再び問題が起きないようにするために何が必要なのかを考えるべきだ。犯罪問題の解決を法律家に任せてしまうと、行為責任主義の観点から法的に重要でない、でも問題を解決する上では欠くことのできない大事な情報が捨て去られてしまう。法律家はそういう訓練を受けているのだ」と述べました。法律家にとって重要なことは法的争点をきちんと整理することですが、浜田さんや佐藤さんが指摘されたように、調書の作成や証拠採用などその整理のプロセスの中で、大事な情報が捨てられたり、見えなくなってしまったりしているのは問題だと思います。やはり、後藤さんが言われたように、法曹といわれる人、一人ひとりが刑事弁護は何のためにあるのかをあらためて考えてみるべきだと思います。

以前、知的障がい者の弁護に当たって何が必要かについて全国の弁護士会に対して調査を行った時に、弁護士がかかわるのは刑の確定までだという回答が七五%に上りました。いまの日本の刑事司法ではしかたのないことだと思います。しかし、そのようなかかわり方になっているからこそ、触法障がい者の多くは、執行猶予をもらっても、あるいは刑務所を出ても、またすぐに法廷に戻ってくるわけです。刑罰が何も問題を解決していないからです。この再犯の連鎖を断つためには、皆でどうして再び罪を犯してしまうのかを考えるべきです。まずは、罪種や罪質など犯罪者を法律家にとっても分けやすいところから分けていって、それぞれの人たちをどうしていったらよいのかという点について共通のビジョンを持つところからはじめてはどうでしょうか。万引きを繰り返すお年寄りであれば、彼らを刑務所に入れても何の問題解決にもなりません。それどころか、刑務所の中でどんどん認知機能や運動機能が低下してしまいます。刑務所に入れないためにどういう方法があるのか、それに対して刑事司法にかかわる自分たちに何ができるのだろうかと想像力を働かせれば、そこから創意工夫が生まれてくるのではないでしょうか。そういう想像力を働かせるための意識改革が必要です。

指宿　法律家はそういう想像力を持つきっかけがなかなかないのではないでしょうか。たとえば、刑事政策は法学部で必修になっていませんし、司法試験の試験科目にもなっていません。

浜井　ロースクールで教えていて思うのは、ロースクールでは、司法試験に合格するために重要な科目を中心に、コアカリキュラムに書かれてある知識を叩き込み、法律家として真っ当な考えができるように訓練していくことがメインになっているということです。それはまさにニルス・クリスティが指摘した、法律家にとって重要でないものを整理し、法的に不要な情報を切り捨てて、見えないようにしてしまうということです。ですが、そうしないと司法試験には合格できない。罪責を問う問題で、被告人の背景事情を気にすることは時間の無駄です。

ある法科大学院の入試問題に、次のようなものがありました。住み込みで働いていた会社員が突然解雇された。貯金が全くなかったので、しばらく行く場所もなく、ふらふらしているうちに、お金もなくなって二、三日ホームレス状態になったあげく、空腹に耐えかねてつい定食屋に入ってしまい、定食とビールを頼んでしまった。その後、代金を請求されてパニックに陥り、ビール瓶を割って店員に投げつけて、店員が怪我をしたが、そのまま逃げてしまった。さて、この人の行為は何罪に当たるのか、その罪責を問う問題です。正解はもちろん詐欺と強盗致傷です。問題文の前半部分、つまり、その人が、どういう経緯でホームレスになったのかは解答には全然関係ありません。ある意味、そこに関心を持つような人は司法試験には合格しにくいと思います。ですが、私としては、そこに関心を持つ人に法律家になってほしいという思いがあります。ロースクールにおいて、そういうことを考える機会を提供したいと思っているのですが、現実にはなかなか難しいですね。

フランスでは、参審員に選ばれると裁判官と一緒に刑務所に参観に行くことがあるそうです。担当する被告人を有罪にして禁固刑にした場合どこでどのような処遇を受けるのかを知った上で、裁判に臨むそうです。日本では法曹を含め多くの人が刑務所の中で何が行われているのかについて知りません。受刑者の二割近くが高齢者で、そのうち一四%がアルツハイマー病を含む認知症の疑いがあるということは、新聞に小さく載ることはありますが、ほとんどの人は関心を持ちません。そういう刑罰の実態を知る機会を、法学部の学生にもロースクールの学生にも与えることが必要ですし、刑事政策が司法試験の科目に復活すれば、学ぶ機会は増えると思います。

裁判員裁判はどうあるべきか

指宿 木谷さんの裁判官退官後に裁判員裁判が始まったので、現場で直接ご覧になったわけではないと思いますけれども、この間の司法改革、特に今回の特別部会による改革を、どう見ていますか。

木谷 いいこともあったけれど、全体としては決していい方向には行っていないのではないでしょうか。証拠開示は確かに一歩前進ですよ。ただ、その結果、弁護側の準備が非常に制約されて、公判前手続でぎゅうぎゅうと期日を詰め込まれて、その間に調べたことや主張したこと以外は公判では立証できなくなりました。それに引き替え、公判前整理手続を経由した事件でも、検察官は、訴因変更ができるんですね。制度設計当初から、この手続を経た事件では、新たな立証はできないが主張の変更はできるとされていました。

「訴因も主張だ」ということを強調すると、訴因変更が許されるのは当然だということになりますが、特に、公判の最終段階での訴因変更が当然のように許可されることになると、弁護人の弁護は容易ではありません。また、可視化についても、先ほど浜田さんが言われた問題が出てきて、取調べの可視化ではなく供述の可視化になったのではないかと思います。佐藤さんが言われるように、任意性を疑わせるような取調べがされないために可視化したはずなのですが、そうではなくなっています。取調べの期間が長すぎること、一部しか可視化していないことなど、いろいろな問題が重なっています。また、裁判官が勉強不足で、裁判員にきちんと説明していない事件も見られます。

指宿　浜井さんからは、法律家に全部任せると法律にない部分を見ないという厳しい指摘がありました。裁判官は量刑という、法律には具体的に書いていない事実、事情を考慮しなければいけません。実際、日本の刑事裁判のほとんどは量刑裁判ですね。

木谷　九〇％以上がそうです。裁判員裁判が始まって、全くの非専門家が量刑まで担うことにしたのは大失敗だと思います。一般の人が量刑を判断すると、被害者に同情してしまい、ともかく重くしなければいけないという思いが先走って、この被告人に一番適切な量刑は何かという観点は飛んでしまう。ですから、求刑を超えた判決が何度も出ました。最高裁が求刑の水準まで押しとどめたこともありましたが、それでよかったのかどうかという問題もあるわけです。量刑を裁判員に任せるのではなく、争いのある事実について裁判員裁判に付し、量刑は本職が判断するべきです。

指宿　量刑について、後藤さんはどうお考えですか。裁判員裁判は量刑まで行いますが……。

後藤　もともと、量刑は裁判官だけが担うほうがよいと私は考えていました。けれども、量刑の決定にも裁判員が加わるという制度も、思想としてはあり得ると思っています。

浜井　イタリアでも重大事件では非専門家が量刑を行っています。

指宿　ですが、刑務所を見に行ったりして、研修を受けています。

浜井　確かに、無罪を争っているケースとか、被害者が参加しているケースで、裁判員が量刑までかかわってしまうと、劇場型裁判というか、情に流される裁判になってしまう例が日本でも見られることは事実です。

指宿　被害者の参加制度もちょうど裁判員制度と同時期に始まりました。

浜井　それがある意味、裁判員制度にとっては残念な効果をもたらしてしまったという点に関して同意します。ただ、それをもって裁判員が量刑にかかわる制度改革全体を否定してしまってはいけないのではないでしょうか。裁判員が情に流されるのは当然のことで、重大な事件ほどそうなりがちでしょう。それを問題にするのはわかります。だからこそ、私は、裁判員制度はもっと市民にとって身近な事件からスタートすべきだったと思っています。それこそ認知症で自分の名前も言えないような高齢者が万引きで法廷に引っ張り出されて、求刑五年、懲役三年六カ月という裁判を受けている現実を多くの人が知って、それをきっかけに刑罰について考える機会にしてもらいたいと思います。

指宿　まずは簡易裁判所に市民を入れてもいいですね（簡裁の刑事事件の八割が窃盗罪）。

浜井　地方裁判所でも高齢者の万引き事件は日々裁かれています。日本では三人の裁判官に対して裁判員は六人参加していますが、ノルウェーでは、裁判官一人に参審員二人で、本人が罪を認めているケースについては量刑を主に考えます。ノルウェーには陪審員制度と参審員制度の両方があります。無罪を争っている重大な事件は陪審員制度、無罪を争っていないケースは参審員制度などです。裁判に参加した参審員たちは、軽微な事件を担当した後で、こういうことは自分でもやってしまうのではないかと、事件の背景にある問題について考えるようになります。社会的な問題を抱えた人を、いまの日本のように刑務所に閉じ込めるだけではだめだろうと、市民の中に刑務所改革の発想が生まれてきます。

指宿　北欧では、刑務所だけではなく、刑事司法の最初の段階からかなり変わってきたのですか。

浜井　そうですね。お話ししたように犯罪学者のニルス・クリスティは刑事司法手続への市民参加を重視します。そのため、ノルウェーでは、そもそも裁判になる前に、特に少年事件などで被害者も同意した場合には、刑事仲裁委員会という制度によって、ダイバージョンを試みて、修復的司法の手法を使って問題解決を図ります。そこで解決しなければ刑事司法手続に戻すわけです。先ほどもいいましたが、ノルウェーでは参審員制度によって市民の中から二人が選ばれて、裁判官と三人で軽微な事件について審理します。ＮＨＫがそのプロセスを撮影して番組を作っているのですが、公判後、参審員たちはいろいろと考え始めています。番組の中で、面白かったのは、ある厳罰主義者の政治家が参審員に選ばれて、少年事件の審理に参加した時のエピソードが語られたシーンです。重大な事件を起こした少年だったので、重い罪を言い渡すのかと思ったら、ものすごく軽い判決になった。裁判後、マスコミに感想を聞かれて、その政治家は「厳罰主義者であるのは変わりませんが、でも、あの子は普通の子です」と言ったそうです。

これは私の理想論ですけれども、そういう経験を積んでいくことで、刑事裁判は自分たちと関係のない世界ではなく、自分たちがかかわり、自分たちが変えていける世界なのだと考えるきっかけになるのではないかと期待しています。

後藤　第３巻に書いていただく田口真義さんはその典型です。

指宿　実際に裁判後の記者会見でも、被告人が普通の人だったことにショックを受けたという裁判員がいます。いま浜井さんがおっしゃったような経験をしている市民もたくさんいるはずです。

浜井　たくさんいるけれど、同時に木谷さんが言われたように情に流されるケースがあるのも事実です。

後藤　裁判員は抽選で選ばれるので、ばらつきがあります。そのため極端な結論が出ることがありえます。

木谷　浜井さんが言われた北欧の場合は、裁判員は一回限りではなく、一定期間務めるのですよね。

浜井　参審員の場合、四年間です。年間三ケースくらいを担当します。

木谷　それが大きいんですよ。日本のように一回限りでは、裁判員の意識は変わらないですよ。

浜井　そうなんです。ですから当初の制度設計が重要だったのです。裁判員制度でいったい何を実現したかったのか、きちんと議論されていないような気がします。

問題解決に役立っているのか

浜田　事実認定と処遇はかなり違う問題ですよね。日本では、それが渾然一体となっています。取調べの過程を見ていても、捜査官は謝罪を求める形で進めています。これは善意に解釈すれば処遇まで考えているといえるかもしれませんが……。

浜井　反省させるためですね。

浜田　けれども、反省を求めるということは有罪が前提ですね。ですから、そこを切り分けないとおかしくなると思います。その意味で有罪か無罪かをまず審理して有罪の宣告をした場合に刑を決めるための審理をするべきだという手続二分論は正当な議論だと思いますが、日本では議論の俎上にも上がっていません。

木谷　いえ、上がっていますよ。第5巻で青木孝之さんに書いていただいています。

浜田　ですが、それが全体を動かしてはいません。

後藤　手続二分論は、もっと広い意味でとらえるべきだと思います。つまり、公判手続を二つに分けるというだけでなく、先ほど浜井さんがおっしゃったように、人間を見る、私の言葉でいうと、法律家たちに自分たちのやっていることが問題解決に役立っているのかという意識を与える効果です。つまり、たんに量刑相場に従うのではなく、その意味を問いかけ、この人の問題を解決するにはどうしたらよいかを考える。弁護人であれば、特に刑事政策的な発想がなくても、ともかく依頼者にとっての問題を解決するという発想があればよいのだと思います。ただ、そのような考え方の持つ危険性もあります。たとえば、社会の中での更生可能性を示すために自白を促される恐れもあります。権利義務の問題として対処し、しかも法律上の要件の有無をぎりぎりのところまで詰めなければいけない場面と、犯罪者の更生を目指す場面とをうまく切り分けられるでしょうか。法律上の要件の有無で決めるという法律家的な発想は、国家の介入を限定するという意味で重要な意味があると思います。ですが、それだけですと問題の解決にはならないところがある。それらが両立するためには、どこかで切り分けなくてはいけません。それが二分ということであり、それがうまくできるかどうかが課題なのだと思います。

浜井　いまの刑事司法改革は、それなりに進展している部分と、いつの間にか本筋の議論から離れて一部の制度をいじるだけで終わっている部分とがあります。矯正保護の分野でも、たとえば少年院法が改正されるとなると、専門家による委員会が立ち上がり様々な少年院のあり方について議論されます。ですが議論の後に蓋を開けてみると、大きな制度改革としては、刑務所改革と同様に施設ごとに視察委員が導入された程度で、社会全体の中で非行少年の更生について考え、その中で少年院処遇がどうあるべきかといったような骨太の改革にはなっていません。少年矯正の中だけでの小手先の改革に終わっているように思います。

指宿　その原因はどこにあると思いますか。

浜井　それは、最初に言ったように、刑事司法は何のためにあり、何を実現したいのか、社会の中の刑事司法という観点が欠けているからではないでしょうか。

いまの日本の刑事司法は、社会から孤立していると思います。罪を犯した人、あるいは犯したとされる人を、いったん社会の外に連れ出して、その人にどう罰を与えるべきか、与えるべきでないかをめぐって議論し、裁判が終わると、釈放するか、刑務所に入れ、刑期が終われば社会に戻す。それだけです。社会のシステム全体の中で、刑事司法が何を目指し、いかに貢献するのかという視点がありません。

裁判官も検察官も弁護士も「更生？　うーん、それは自分の仕事じゃないよね」といいます。専門家である以上、自分の責任の範囲を明確にし、自分の仕事を限定するのは当然のことかもしれません。ただ、その時、自分の仕事がどこにどうつながっていくのか、自分たちが担当した人に、最終的にはどういうふうになってもらいたいのかというビジョンがあってしかるべきです。それがないから、ただ機械的に事件を処理していく体制になってしまうのです。私のいう意識改革というのは、そもそも自分はなぜ法律家になったのかという初心を思い出してもらうことです。たとえば法科大学院の面接試験では、誰もが社会的弱者を守りたいとか人権を守りたいとかといいます。ですが、司法試験を目指して勉強していくうちにその本質を忘れてしまうのです。

私が一番驚いたのは、あるエクスターンシップに行った学生の経験談です。その学生がエクスターン先で刑事裁判にかかわった時、被告人は執行猶予判決になったらしいのですが、自分を指導してくれた弁護士が、「自分たちがかかわるのはここまでだ。自分たちはプロである。彼は、これからの人生を自分の力で切り開いていかなくてはいけない。それは彼の自己決定で行うものであり、我々がそこに介入するのは、彼らの自己決定権を侵すことになる」と述べ、その学生はさすがはプロといたく感銘を受けたと話していたのです。私は、「本当に感銘を受けたのか。おかしいと思わなかったのか」と問いただしてしまいました。その被告人に引受人がいて、家族もいて面倒を見るというので安心というならいいです。しかし、もしホームレスの人が執行猶予を受けたのだとしたら、判決後何の支援もないとしたら、またホームレスに戻り、いずれ法廷に戻ってくるでしょう。弁護士は、そもそも人権を守ることが仕事なのですから、判決後にも関心を持って、自分に何かできることがあるのではないかと考えてほしいと思います。たとえ自分にできなくても、どこか別のところにその人をつなぐことはできないのかという発想を持ってほしいですね。

私は何も、弁護士に判決後も責任を持って面倒をみろとか、検察官は更生にちゃんとかかわれとかと言っているわけではありません。それぞれの専門職にはそれぞれの役割があります。ただ、刑事司法が扱っているのは、事件であると同時に一人ひとりの人間です。人間としての被疑者・被告人に関心を持ち、社会につないでいくという意識を持ってもらいたい。一人ひとりの専門家が、その人にどうなってもらいたいのかという共通のビジョンを持ち、さらには自分たちの仕事をとおしてどのような社会をつくり上げていきたいのかというビジョンを持ってほしいのです。

指宿　二〇一四年、当時の検事総長が年頭挨拶で、被疑者の更生を助ける検察と述べました。これは日本の検察史上初のことです。つまり検察のトップが矯正保護に触れたのは、革命的ではないかと思いました。

浜井　私も高く評価しています。

後藤　「検察の理念」の中でも、それを打ち出しましたね。

指宿　あの年頭挨拶については、犯罪が少なくなってきたから検察の職務領域を拡大しないと予算が削られる一方なので、職域を拡大しようということだ、といったうがった見方もあります。ですが、やはりそれは正しい道だと思う。

佐藤　二十数年前、ドイツのミュンヘンで刑事専門弁護士の事務所に行ったことがあるのですが、ボードがあって、自分が弁護した元被告人が刑務所でいまどのステージにいるのかが、刑が確定した後でも一目でわかるようになっていました。つまり、ドイツでは刑の確定後の弁護も弁護士の任務なんです。

ところが、日本では、刑務所は特別権力関係が支配する世界で、受刑者には法的権利はほとんどないと言われていました。逆に言うと、法律家がかかわる分野ではないと教えられてきたわけです。刑務所では、弁護士は一般人とほとんど同じ位置づけです。ですから、心構えの問題もあるけれども、そもそも権利の問題だとは考えられてきませんでした。いまは徐々に、指宿さんが言われた修復的司法という考え方も広がってきていて、有罪であることが明らかな人の弁護を熱心にやっている弁護士もいます。少しずつ変わりつつある。

どういうことかというと、刑事弁護は本来無罪を争うものでした。ですが、九九・九％が有罪なのですから、私は非常に苦しい有罪弁護ができなければ本物の弁護士ではないと説いてきました。私自身は、足利事件のあとＰＣ遠隔操作事件という実際は有罪だった事件に遭遇し、世の中の全ての人々から指弾されたとしても被告人の側に立つのが弁護人であると説いてきた私が突然その立場に立たされたので、余計そう思うのですが、刑事弁護とは何か、刑事司法とは何かというと、有罪の人をどう取り扱うのかということが本当は一番重要なところのはずなのに、有罪か無罪かを争うことだけが強調されてきました。私は木谷さんと違って陪審制には反対で、陪審制度のアイデアは、有罪か無罪かの判断にだけ市民を参加させればいいと考えているわけです。

市民と司法

佐藤　私は北欧の四カ国やドイツの刑事裁判を視察して、市民が一緒に刑を考える制度のほうが望ましいと思いました。我が国の裁判官はすごくプロフェッショナルで、人を処罰することにほとんど無感覚かもしれません。ですが、市民は絶対にそうではありません。自分が裁いた人がどうなっていくのかをずっと気にかけています。

もうそろそろ出所しているのではないか、死刑になってしまったのではないか……と。それが大事なのではないでしょうか。

木谷 私は、北欧のような制度であれば反対はしません。いまの日本の裁判員制度は一件限りで、裁判官自身の意識も不十分ですし、裁判員は刑を重くすれば正義を実現したことになると感じており、問題が多いのです。

佐藤 北欧やドイツでは、身近な事件に参審制を導入しています。陪審制はすごく重たい制度です。ですから私は、日本ではまず参審制を導入すべきだと考えていました。しかも一定の任期があって、刑務所見学などの研修を受けるようにしたらいいけれども、現在の日本の裁判員制度は全くできないようになっている。

指宿 検察審査会は参審員と同じく、任期制です。

木谷 半年ごとに変わっていくんですよね。

指宿 なぜ裁判員制度もその方法を取らなかったのでしょうね。

佐藤 陪審制のアイデアを採り入れたのでしょう。関連して、当番弁護士制度がありますが、これは被害者ではなく、被疑者を弁護するためのものです。私は、交通事故の相談窓口弁護士だったことがありますが、我が国では交通事故には保険制度があり、保険会社が無料で電話相談窓口を設けているのです。そして、全国からの交通事故の被害者からひっきりなしに電話がかかってきます。加害者のサポートもしていて、場合によっては両者の調整もやっています。交通事故も犯罪ですが、交通事故だけはこれだけのサポート体制がありますが、それ以外の、もっと重大な犯罪には被害者相談窓口がなく、加害者の弁護だけが手厚くなっています。いまやっと被害者の当番弁護士が生まれつつありますが、しかし今度は、被害者側に立つ弁護士と加害者側に立つ弁護士が分かれてしまう傾向があります。特に痴漢事件では女性の権利を守らなければいけないということから、痴漢事件を担う弁護士と性犯罪の被害者を弁護する弁護士の間に対立構造が生まれています。しかも、警察、検察は「私たちはあなた方被害者の味方です」という構えですから、痴漢を守ろうとする弁護士は何となく肩身が狭いのですが、そこをなんとかしていかなくてはいけないと思います。

官僚機構の弊害

指宿　木谷さんはこれからの刑事裁判に何を期待しますか。

木谷　難しい質問ですね。完全な制度はあり得ないので、どこかをいじれば必ずそれに伴う新しい弊害が出てくる。そのことが今回の改革でよくわかりました。まずは法律家が足りないなどの人の問題がありますが、その上であるべき刑事裁判を考えるとどうなるか。私は、裁判員制度自体には反対ではありません。裁判員制度にはいい点もたくさんある。制度を生かしていくには、証拠開示の範囲をもう少し広くしなければいけないし、可視化は全面的にしなければいけない。

裁判官を退官して、弁護士としていろいろな事件を担当してみて感じるのは、検察官の上訴権に最大の問題があるということです。検察官に上訴権があるために、いびつな問題が生じています。いま大阪で担当している事件は、一審無罪、検察官控訴棄却、最高裁で差し戻されて、二度目の一審がまた無罪。ここまでは甲山事件と似ているのですが、そのあと第二次控訴審で破棄・差戻し。それで上告したけれども三行半で棄却されて、いま三度目の一審をやっています。三度目の一審ですよ。新しい証拠を出せと言われても、もう容易に出てきません。それで差戻し判決に拘束力があるなどと言われたら、どうにもなりません。差戻し判決は書面審理です。それに拘束力を認めたら大変なことになるので、いま一生懸命やっています。そこに象徴されるように、検事の上訴権がこれほど使われると、刑事裁判は本当にいびつになってしまう。検察官の上訴権を一律に憲法違反とまではいえなくても、その行使に一定のタガをはめる論理構成はできないものかと考えています。

指宿　本巻で前田恒彦さんもそのことを強く指摘しています。

後藤　弁護士が検察官役をやってみたらよいという前田さんのアイデアはおもしろいですね。

木谷　そう思います。それから、先ほど佐藤さんが言われた真実主義に私は共感するところが大きいのですが、それは佐藤さんだからできる部分がかなりあると思います。佐藤さんのような情熱も能力もない弁護士の場合、足利事件の最初の弁護人のように、弁護士が真犯人でない人を自白させてしまうことになりかねない。現実にはそういう弁護士が多いことを考えると、やはり後藤さんが言われるように、最低限、無実の人を処罰しないというところに力を尽くすべきだと思います。

指宿　木谷さんにうかがいたいのですが、裁判官の問題では法曹一元についてどう思われますか。

木谷　それは絶対に必要だと思います。裁判官はやはり考え方が狭い。しかも、キャリアシステムはどうしても上昇志向を伴いますから、裁判官には偉くなりたいという気持ちがどこかにあって、判決が上級審で破棄されないか、こういう事件で無罪判決を出すと上層部の評判が悪くなるのではないかなどを気にする人が多いのです。それをなくすには、法曹一元化したほうがいいのではないでしょうか。それはそれでまた弊害が必ずありますから、それで全て解決するかと言われると自信はありませんが、現状はやはり問題があると思います。

少し話が飛びますが、先ほど浜田さんは、捜査官は完全に有罪だと思い込んでおり、それで虚偽自白をさせてしまっていると言われました。私もそういうケースはあると思いますが、少なくとも途中からは、こいつはやっていないのではないかと思いながら強行している事件が相当あると思います。

浜田　同意見です。動き出したら引き返せない。狭山事件でも、捜査官はやっていないという心証を持ったはずだと思います。「やりました」という自白に落ちたあと、質問しても答えられない。それでも捜査官は「おまえ、やっていないんじゃないか」とは一言も言わないんです。いったん有罪で動き出した時に引き返すことがない。その自白はおかしいのではないかと問いただしていかなければならないと思います。

木谷　そうなんですよ。起訴検事の心証と上層部の決定とが離れてしまうことがよくあるようです。これは官僚機構の弊害です。

指宿　その点については、判断を誤っても責任を問われないシステムになっている面もありますよね。誤判原因の究明は、公的機関で独立した形で行わないといけないと思います。そういう仕組みをつくらなければ、次の人にバトンタッチしたら、それでもう責任は追及されないという現在の刑事司法のあり方は変わりません。

浜田　証拠偽造もそこから生まれている面があるのではないですか。狭山事件では証拠偽造が疑われているのですが、世間から注目されている大事件で、本人が自白に落ちて、語らせるけれども決定的な証拠が出てこない。その時、証拠を偽造してしまおうとする……。袴田事件でも同じことが起こったのではないでしょうか。

指宿　五点の衣類がそうですね。

木谷　前田恒彦さんの論考が、まさにその点に触れています。

浜田　その意味で、取調官の心理は研究に値します。

木谷　官僚組織の中で押しつぶされているのでしょう。

冤罪を防ぐには

佐藤　警察大学校に「取調べ専科」という科目があります。浜田さんも私もそこで教えているのですが、私は、幹部候補生に、被疑者の供述を録音したテープは真実を示す、ゆえに自白している場合でも、あなた方は、虚偽の自白ではないかという観点からテープを吟味しなければならない、あなた方は、「ブレーキ」の役割を果たさなくてはならないのだ、と教えています。現場の捜査官は「アクセル」でとにかく進もうとし、あなた方も彼らにはたぶん「頑張れ」と言うだろう、しかし、あなた方の役割は「ブレーキ」であり、自白におかしな点がないかを見つけるのが大切なのだ、ブレーキのない車ほど恐ろしいものはない、と説いています。そして取調べ録音・録画は、我々弁護人があなた方を疑っているから実施されると思っているかもしれないけれど、実は、あなた方のためのもので、録音・録画制度を導入した国では、最終的には警察・検察が録音・録画制度の最も強力な支持者になっている、と話しています。取調べの可視化によって明らかになるのは真実であって、弁護に利するか捜査に利するかという発想が誤りなのです。

冤罪は、重大事件で真犯人を逃すことを意味しています。「アクセル」を踏むことも「ブレーキ」をかけることも、真犯人を捕まえるという目的は同じです。

浜田　僕も講義で同じことを言っています。足利事件は、物証上無実だと証明された事件だと言えます。そうすると、自白に落とした捜査官が問題になります。「もしあなたがその落とした捜査官で、あとで物証上無実なんていうことになったら夢見が悪いでしょう」と脅しています。

指宿　その責任が問われないのですよね。足利事件、氷見事件、志布志事件については検証が行われたはずですが、他の事件は不問のままです。

佐藤　東電ＯＬ事件や、前田恒彦さんの論考によると東住吉事件もそうですね。

指宿　真犯人が現れた事件しか検証しないのでしょうか。冤罪には、①真犯人が別にいるパターン、②東住吉事件のように事故を事件にしてしまうパターン（この場合、真犯人はいません）、③志布志事件のように、そもそも事件が存在しないパターン、の三つがあります。①だけでとらえていると、刑事司法全体の見直しにはつながらないのではないか。②も③も冤罪であることが見過ごされています。

東住吉事件が示唆しているのは、逆に放火事件で捜査しなければいけないケースを失火として処理しているかもしれない、ということです。つまり、放火、失火の捜査能力自体が疑われるということを誰も指摘しない。これが日本の警察のレベルなのかと考えると恐ろしくなります。

浜井　放火件数は、消防庁の統計では警察庁の統計よりもかなり多くなっています。放火は目に見える犯罪なので、暗数はあまりないのかなと思っていたのですが、実際は恐らくたくさんあるのかもしれません。

佐藤　いまの指宿さんの話を聞いて、日本の有罪率は九九・九％と外国の方に話したら、すごく危険な司法じゃないかと言われたことを思い出しました。つまり、九九・九％という数字が縛りになって本来起訴されるべき事件が起訴されていない可能性があるのです。逆に言うと、捜査段階は「疑わしきは罰せず」がかなり徹底していて、確実に有罪である場合しか起訴しないので、弁護士にとっては大いにやり甲斐のあるフィールドです。つまり、効果的な捜査弁護によって、起訴を断念させることもあり得ます。ですが、いったん起訴されたら、今度は有罪率九九・九％なので、検察官はもはや引き返せない、という実はいびつな司法になっている可能性がある。

指宿　裁判員制度が始まった頃から起訴率が低下しています。重大な犯罪ほど起訴率が下がっていて、殺人では六〇％近くあったものが（二〇〇四年五五・四％）、三〇％台（二〇一五年三三・四％）まで落ちています。この点について、後藤さんはどう思われますか。

後藤　その原因として、罪名を落として起訴している可能性があると思います。
指宿　確かにその可能性はありますね。
浜井　殺人未遂が裁判員裁判の対象とならない傷害で起訴されるということですね。
後藤　日本の検察官は、間違いが許されない立場に置かれているので、起訴事実の一部でも裁判所に否定される危険を避けようとするのだと思います。
佐藤　そこが問題なんです。だから逆に上訴にもつながっている。
後藤　そうして、徹底的に頑張らざるを得なくなる。
指宿　これをどう変えるべきでしょうか。
後藤　検察官をもっと自由にしないといけないと思います。検察官も当事者なのだから間違うこともあり得るという、ある種の鷹揚さが必要だと思います。それを実現するには、検察官上訴をやめることが一番効果的でしょう。
佐藤　スウェーデンでは、女性の検察官が一人でコンピュータで起訴していました。上官の決裁はいらないのです。「決裁制度はないんですか?」と聞いたら、「なに?　それ」と言われました。ドイツでは、検察官が、法廷で証拠不十分と判断したら、その場で、進んで公訴を取り消した場面に立ち会ったことがあります。日本では考えられないことで、我が国の検察官に公訴取消しの裁量権などあり得ません。
後藤　ですから、組織の責任になってしまいますね。
浜井　第0巻で前田さんが、検察官上訴があるから責任が分散してしまうのだと書いていました。同じく八田隆さんも検察官上訴を批判しています。検察官上訴は、いろいろなところに弊害をもたらしていると言えるでしょう。そこがある意味で最も改革しやすいところではないでしょうか。

後藤　ですが、ものすごく抵抗されますね。

浜井　とはいえ、制度を変えるとしたら、そこではないでしょうか。

指宿　ゼロか一〇〇ではなく、上訴できるケースを制限していくのが現実的でしょうか。

木谷　憲法違反、判例違反、せいぜい法令違反くらいでしょうか。事実認定はできないというふうに……。

後藤　一番の問題は事実誤認ですから、事実認定について上訴できないとなると検察官は楽になるでしょう。

罪を重くする傾向

指宿　日本では、検察官が求刑しない限り死刑判決はあり得ない。つまり、その点では、検察官が死刑を左右しているわけです。死刑のある刑事司法制度について、浜田さんはどうお考えですか。

浜田　取調べ場面を経験して思うのは、たとえば事件が起こって、やったことは間違いない、本人もそう認めている。という時に、どういうふうにやったのか、それまでの経緯はどうだったのかというと、本来、刑が重いと評価できる場合と、軽いと評価できる場合と両方あるはずですよね。ところが検察や警察は必ず重いほうに取ろうとするんです。これは実に不思議なことです。実際、本人の事情を考えれば、実は計画性がなかった、偶発的なものもあったという可能性を取調べ側が究明してもいいはずなのに、必ず、殺意があった、計画性があったというほうに取ろうとする。こういう心理は一体何なのだろうと思うところがあるんです。量刑の部分で事実の認定と処遇を分けるというのは基本的に大前提だと思うんですけれども、事実の認定のところについて、重いほうに真実があるみたいな発想の仕方、つまり重いほうを取ったら検察が勝ったみたいな発想、は何なのかと思うのですけれども。

木谷　それは官僚組織のなせるわざだと思います。強気の調書を取ると褒められるわけですよ。

浜田　話が戻りますけれども、取調官がこいつは無罪だなと思った時に、無実の方向で証拠を固めたら褒められる風土をつくってほしいと思います。無実だと解明できれば真犯人の捜査につながっていくわけですから。ところが、有罪で、真犯人から自白をとったことで表彰されたりする構造がある。

佐藤　無罪判決が下されると、警察が間違ったと批判されるけれども、制度上は、警察の捜査は検察官が吟味し、検察官の起訴は地裁の裁判官が吟味し、さらに高裁と最高裁があり、最高裁が事実認定の誤りを正すこともある。さらに、再審もある。警察に重い責任を負わせるのは間違いで、警察がやるべきことは、とにかく事実が何なのか、検証可能なようにきちんとデータとして残すことであって、それをわからないように強力なやり方でクロの方向に固めてしまうというのはあなた方の仕事ではない、と警察学校で説いています。警察に過度な期待が寄せられるために、無実の人が虚偽の自白に追い込まれることもある、市民の警察に対する過度な期待も冤罪の原因と考えなくてはなりません。

警察の信頼度はなぜ低いのか

指宿　そこで伺いたいんですけれども、それは国民の期待がそうさせているのか、彼らがそう自己定義しているのか、どちらなのでしょう。浜井さんはヨーロッパでの調査結果を取り入れて、日本の国民は、治安がいいのに警察を全然信頼していないことを実証されましたが、どう思いますか。

浜井　ＥＵで行われた刑事司法の信頼調査を、ＥＵとの共同研究として、全く同じ質問紙と方法を使って日本でも行ってみました。日本の場合、国民は警察だけを信頼してないのではなくて、基本的にお役所全般を信頼していないのです。警察に対する信頼度は、官僚や議員などと比べると比較的高いけれど、ＥＵ各国と比較すると、日本の刑事司法に対する信頼度はノルウェーの三分の二か五分の三程度になります。ちなみに、裁判所に対する信頼も警察に対するのと同様の結果です。

指宿　スロバキアなどヨーロッパの最低レベルの国と同じくらいですよね。

浜井　そうです。項目にもよりますが、イスラエルやロシアなどにも近い傾向があります。

指宿　犯罪率が日本の一〇〇倍くらいの国々と日本の警察の信頼度が同じくらいということは、非常に矛盾しています。諸外国からは、日本ほど安全な国なら警察はリスペクトされているように見えると思うのですが、逆です。

浜井　今回の調査はprocedural justiceという考え方をモデルにしています。公正的正義と日本語に訳してしまうと適正手続(due process)との区別が難しくて、どう訳すべきかを考えているのですが、その意味するところは、警察は頑張っている、警察は公正だという警察に対する信頼が高まると、警察による権力行使の正当性(legitimacy)も高まってくる。ここでいう、権力行使の正当性とは、警察官の指示に納得ができない場合や自分の意見と合わない場合でも、その指示には従わなくてはいけないと思うかどうかで測ります。つまり、このモデルは、警察に対する信頼が高まると、権力行使の正当性が高まり、人々は法に従うようになり、刑事司法に対してもより積極的に協力するようになり、治安も良くなるという考え方に基づいています。ヨーロッパのデータを使って統計解析をすると、このモデルはよく当てはまります。

ですが、日本のデータは、このモデルに当てはまりませんでした。警察に対する信頼が高まると確かに権力執行の正当性の部分が若干高まるけれども、正当性が高まっても、それが遵法行動や刑事司法に対する協力にはつながってきません。また、ヨーロッパと比べると、警察官の指示に納得ができない場合や自分の意見と合わない場合でも、その指示に従うべきという質問項目に対しては、日本の結果は極端に低くなっています。

佐藤　外国と比べて明らかに違うのは、日本は検察官司法だということです。外国と異なり、検察官が自ら取調べをするため、検察官は警察官を低くみる傾向があります。しかし、取調べのプロは、警察官であって、検察官ではないと思います。もう一つ大きな違いは、外国では取調べに弁護士が立ち会うことができ、証拠の中身も基本的に全部知ることができます。ところが、日本では、「捜査の密行性」という、刑事訴訟法にもない言葉が当然のごとく説かれ、捜査は全く不可視です。

さらに、北欧には弁護人に捜査請求権があって、警察に必要な捜査を求めることができます。警察の捜査がフェアであるがゆえに、警察への信頼が築けるのだと思います。北欧では実現していることが日本では制度的に不可能になっているのです。

浜井　日本では市民社会と刑事司法社会が全くつながっていないのだと思います。刑事司法には、そういう閉鎖的な部分があるので、刑事司法の信頼が高まったからといって、それが市民一人ひとりの刑事司法に対する行動――遵法行動や、警察や裁判に協力する姿勢――とはあまり関係がないのです。

指宿　にもかかわらず、座談会の冒頭で話題になったように、非専門家のコミットメントが非常に強くなってきています。裁判員裁判や被害者の裁判への関与によって、厳罰化や構成要件の改正までこぎつけてきました。非専門家である市民の圧力が刑事司法に対してかかっている。他方で、いま浜井さんがおっしゃったように、日本の制度には市民の信頼を確保する機会がきちんと設けられていないのではないでしょうか。この点については警察が鍵を握っていると思うのですが……。

浜井　そこが難しい点です。私が担当している第6巻でも、警察に対する信頼など公正的正義の観点から、できれば内部の人の論考をと考えたのですが、なかなか執筆者が見つかりませんでした。警察に限りませんが、元法務省職員でもある私の経験でも、刑事司法機関の中で、当局の方針とは無関係に自分の意見を自由に発言するのはかなり難しいのが現実です。

いずれにしても、警察には市民にかかわってもらいたい部分と、かかわってもらいたくない部分がある。ですから、被害者が参加する、裁判員が参加するといっても、木谷さんも言われたように非常に限定的で、特別な機会に限られています。私の調査でも、「最近二年間に、何らかの理由で、日本の警察に呼び止められたことがありましたか」という質問に対して、「はい」と回答した人は二割で他国よりもとても少なかったのですが、その際の印象もヨーロッパと比較すると好意的なものではありませんでした。これは、当たり前で、日本の場合、そのほとんどが職務質問だからです。もっと普通の日常的な部分で刑事司法と市民がかかわっていけるようなシステムづくりをするべきです。

佐藤　警察に対する信頼という点で言うと、刑法学会がゲストに警察官を呼ぶことはなく、せいぜい検察官です。

後藤　少なくとも、一度はありました。

佐藤　一度ありますか。弁護士会も、警察官に話を聞いたことはないのですが、最近は刑法学会に検察官や裁判官が顔を出すことは普通になりました。しかし、刑事司法を担う人々の間にはまだまだ見えない壁があると思います。

刑事司法はどうあるべきか

指宿　最後に、明日の刑事司法についてご意見をうかがっていきたいと思います。まず後藤さんはどうお考えですか。

後藤　私は、日本の刑事司法の一番の課題は透明度を上げることだと考えています。裁判員裁判は、ある意味でそれに寄与したと思います。証拠開示などのように、一〇年前には考えられなかったことが現実に起きているのは確かです。それに伴って、たとえば身体拘束や保釈の運用もかなり変わってきました。ただ、まだそれが徹底できていません。

指宿　その意味で、第0巻で寺西和史さんが書かれている保釈率の話は興味深いものです。

後藤　たとえば裁判員裁判では、裁判員らしい判断の可能性が上訴審によって限定されていると思います。量刑については先ほど出てきた問題がありますが、裁判員裁判での無罪判決が、書面審理中心で透明度が低い上訴審でひっくり返される事例が、わりと頻繁に起きています。あるいは録音・録画にしても、義務となっている範囲はかなり限定されていて、透明度の向上は不十分だと感じています。

指宿　ありがとうございます。次に、佐藤さん、今後のあるべき捜査について、どうお考えですか。

佐藤　刑事弁護人は黙秘権を行使させればいいのかについてですが、アメリカではミランダ・ルールによって弁護人の取調べ立会権が保障されているものの、実際には弁護人が取調べに立ち会わないため、弁護人が付けば、取調べは行われないことになって、ルーキーの弁護士でも捜査弁護はできます。イギリスはそうではなくて、弁護士が黙秘権の行使を含めてアドバイスしなければいけない。その技量を高めることが捜査弁護に従事する条件だと、私は考えています。ですから、ただ黙秘権を勧めればいいというのは、端的に言って間違いで、刑事弁護の質の劣化に通じます。第2巻ではその向上を目指すというのが私の意図です。後藤さんからは危険な思想だと言われるかもしれませんが(笑)。

指宿 ロースクール世代の刑事弁護への熱意は衰えているのでしょうか。

木谷 昔に比べたら、刑事弁護をやりたいという人は多いと思います。

指宿 ということは、次の時代に希望が持てそうですね。

佐藤 それはやはり、日本司法支援センター(法テラス)が国選弁護制度を担うようになったからではないでしょうか。刑事弁護に関与する率が高まりますし、その中で感動する事件にぶつかり、刑事弁護をやりたい人が増えているのではないでしょうか。ですから、悲観的にとらえる必要はないと思います。

木谷 被疑者段階では、けっこう成果が上がります。

佐藤 勾留請求の却下率も上がっています。私の事務所でも、却下を勝ち取る弁護士が出てきていますから、やり甲斐がある分野になっていると思います。

後藤 刑事弁護に意欲的に取り組む層ができつつあると思います。刑事弁護の専門性が高まっている。

指宿 ありがとうございます。浜田さんはいかがですか。

浜田 私は法律が専門ではなく、心理学の立場で刑事司法に取り組んできましたが、相変わらず心理学は尊重されていないと思います。つまり、供述は裁判官の専決事項だからと、鑑定を鑑定として認めない。けれども現実問題として、事実認定が間違っていると思わざるを得ないケースが相当あります。つまり、虚偽自白がどういうものかを知らないにもかかわらず裁判が進んでいます。知らないから見抜けないわけです。譬え話でよく言いますけれども、キラキラ光っている金属が金か金でないかを調べようと思ったら、金がどういう物理化学的性質を持っているか、金によく似た金属で、どういう物理化学的特性を持っているものと間違いやすいのか、それを知らないと区別できないのと同じように、虚偽自白がどういうものであるかを知らなければ見抜けないはずです。にもかかわらず、知ろうとしない。

指宿　警察が作成した取調べマニュアルには、虚偽自白という項目も見出しもなく、どうやって自白を引き出すかしか書いていません。

浜田　警察官の場合はそうですし、裁判官もそれを見抜けない。いかにも任意性が保証されているかのようなやりとりを見ただけで、「これはもう大丈夫だ」と判断してしまう。客観的証拠と照らし合わせるとずいぶん違うのですが、矛盾するとまでは言えないので信用していい、ということになってしまう。まして裁判員は虚偽自白がどういうものかを知らないから、気づかないまま裁判が進行してしまう。供述は心理学的な現象として見るべき必要があって、そういう目を持っていないのは非常に問題です。その意味で、法曹を養成する課程の中に心理学が入らなければいけないと思います。それでも、僕が最初に甲山事件に出会った頃に比べたら多少は改善されてきています。

佐藤　浜田さんは悲観的なことをおっしゃったけれども、浜田さんがすごく苦労された袴田事件の再審が決まり、浜田さんが警察大学校の講師に呼ばれています。木谷さんと私も弁護人の大崎事件という再審事件では、心理鑑定をした心理学者が証人として認められました。浜田さんが開拓された分野が少しずつ認知されつつあるのが現状です。

浜田　それはそうです。裁判員裁判でも、心理学者が法廷に出て意見陳述をする機会が増えてきています。尼崎事件や他の事件でもそうです。無罪判決が取れたケースもあり、その意味では心理学が認知されつつあると思いますが、大勢から見るとまだほんのわずかです。

木谷　それは、心理学の勉強をしている弁護人がついて、裁判官がそれを受け入れる素質のある人だった場合ですね。

佐藤　今市事件で心理学者が証人に立たなかったのは、弁護人の問題だと思います。

指宿　座談会の最後で、裁判官も、警察官も、検察官も、弁護士も専門性に閉じこもっていることが明らかになってきました。そうした専門性の壁を打破することも、明日の刑事司法の課題だと指摘して、座談会を締めくくりたいと思います。

（二〇一六年九月一六日に行われた座談会を整理・加筆）

刑事司法改革略年表

年	月日	法改正・制度変更	月日	事件・判決
1999(平成11)	7.27	司法制度改革審議会設置法が施行	9.29	甲山事件で元保母の被告人に無罪判決を言い渡した差戻第一審判決を大阪高裁が支持し，検察側の控訴棄却(のち，無罪確定)
2000(平成12)	8.15	犯罪捜査のための通信傍受に関する法律が施行	5.26	宇和島誤認逮捕事件で被告人に対し無罪判決(松山地裁宇和島支部・確定)
	11.1	犯罪被害者等の保護を図るための刑事手続に付随する措置に関する法律が施行	7.17	足利事件で被告人側の上告棄却(最高裁・無期懲役確定)
2001(平成13)	6.12	司法制度改革審議会が最終意見書を公表		
	12.1	司法制度改革推進法が施行		
2002(平成14)	3.19	司法制度改革推進計画を閣議決定	11.27	氷見事件で被告人に懲役3年の判決(富山地裁高岡支部・確定)
2003(平成15)	7.16	裁判の迅速化に関する法律が公布・施行	10.20	東電OL殺人事件で被告人側(ネパール人)の上告棄却(最高裁・無期懲役確定)
	12.18	犯罪対策閣僚会議が「犯罪に強い社会の実現のための行動計画」を策定		
2004(平成16)	6.2	総合法律支援法が公布・施行		
2005(平成17)	1.1	公訴時効期間が見直し	4.5	名張毒ぶどう酒事件第7次再審請求で再審開始決定(名古屋高裁・検察側異議申立て)
	4.1	犯罪被害者等基本法が施行		
	7.15	心神喪失者等医療観察法が施行		

	9.1	警察庁への凶悪重大事犯者等に係る受刑者の出所情報提供制度が開始		
2006(平成18)	4.10	日本司法支援センター(通称「法テラス」)が設立	9.8	飯塚事件で被告人側の上告棄却(最高裁・死刑確定)
	5.24	刑事施設及び受刑者の処遇等に関する法律が施行	11.7	東住吉事件で被告人側の上告棄却(最高裁・無期懲役確定)
	10.2	即決裁判手続の開始，被疑者国選弁護人制度が開始	12.26	名張毒ぶどう酒事件第7次再審請求の異議審で再審開始決定取り消し(名古屋高裁・請求人側特別抗告)
2007(平成19)	4.1	第1号PFI刑務所として，「美祢社会復帰促進センター」(山口県美祢市)が運営開始	2.23	志布志事件で全員(被告人1名は公判中死亡で公訴棄却)に無罪判決(鹿児島地裁・確定)
	12.1	被害者等通知制度の拡充	10.10	氷見事件で再審無罪判決(富山地裁高岡支部・確定)
2008(平成20)	12.1	被害者参加制度が開始，国選被害者参加弁護士制度が開始		
2009(平成21)	5.21	裁判員制度が開始，被疑者国選弁護制度の拡大，検察審査会法改正による強制起訴制度が開始	4.14	防衛医科大学教授痴漢事件で最高裁が原審及び第1審の有罪判決を破棄し，無罪を自判
	8.3	初の裁判員裁判の第1回公判が開廷		
2010(平成22)	4.27	公訴時効期間が見直され，人を死亡させた罪であって死刑に当たる罪については，公訴時効が廃止	3.26	足利事件で無期懲役が確定した元被告人に再審無罪判決(宇都宮地裁・確定)
			4.27	大阪高裁が死刑判決を出した大阪母子殺人事件で，最高裁が事実誤認の疑いを指摘し，大阪地裁に審理差戻し(差戻審で無罪判決・検察側控訴)

			6.22	裁判員裁判で初の全面無罪判決(千葉地裁・控訴審で有罪判決後，最高裁で破棄自判・無罪)
			9.10	郵便不正事件で厚生労働省局長(逮捕時)に無罪判決(大阪地裁・確定)
			9.21	郵便不正事件の主任検事による証拠改竄が発覚(当日逮捕，のちに証拠隠滅罪で有罪確定)
			11.16	裁判員裁判で初の死刑判決(横浜地裁)
			11.25	裁判員裁判で初の(犯行時)少年に対する死刑判決(仙台地裁)
2011(平成23)	3.31	検察の在り方検討会議が提言「検察の再生に向けて」を法務大臣に提出	5.24	布川事件で無期懲役が確定した元被告人２名に再審無罪判決(水戸地裁土浦支部・確定)
2012(平成24)	7.20	犯罪対策閣僚会議が「再犯防止に向けた総合対策」を策定	11.7	東電OL殺人事件で無期懲役が確定した元被告人に対し，一審無罪判決を支持し，検察側の控訴棄却・無罪判決(東京高裁・確定)
2013(平成25)			10.16	名張毒ぶどう酒事件第７次再審請求で，最高裁の抗告棄却決定により再審不開始が確定
2014(平成26)	7.9	法制審議会「新時代の刑事司法制度特別部会」が「新たな刑事司法制度の構築についての調査審議の結果【案】」を取りまとめ	3.27	袴田事件で再審開始と，死刑及び拘置の執行停止の決定が出され，拘置中の死刑確定者は釈放(静岡地裁・検察側即時抗告)
	9.18	法制審議会が新たな刑事司法制度の在り方について法務大臣に答申		

2015(平成27)			10.4	名張毒ぶどう酒事件で死刑確定者が病死
			12.18	裁判員裁判で死刑判決を受けた者に初の死刑執行
2016(平成28)	5.24	刑事訴訟法等の一部を改正する法律が成立(取調べの録音録画制度の導入，捜査・公判協力型協議・合意制度や刑事免責制度の導入等)	8.10	東住吉事件で無期懲役が確定した元被告人2名に再審無罪判決(大阪地裁・確定)

注：法改正・制度変更については，平成27年版犯罪白書[資料編]資料2-11を参考にした.

【作成　吉井匡】

●編集委員

指宿 信

1959年生．成城大学教授．刑事訴訟法．

木谷 明

1937年生．弁護士，元裁判官，元法政大学教授．

後藤 昭

1950年生．青山学院大学教授，一橋大学名誉教授．刑事訴訟法．

佐藤博史

1948年生．弁護士．

浜井浩一

1960年生．龍谷大学教授．刑事政策．

浜田寿美男

1947年生．立命館大学特別招聘教授，奈良女子大学名誉教授．発達心理学・法心理学．

シリーズ刑事司法を考える 第0巻

刑事司法への問い

2017年2月22日 第1刷発行

編 者 指宿《いぶすき》 信《まこと》 木谷《きたに》 明《あきら》 後藤《ごとう》 昭《あきら》
佐藤博史《さとうひろし》 浜井浩一《はまいこういち》 浜田寿美男《はまだすみお》

発行者 岡本 厚

発行所 株式会社 岩波書店
〒101-8002 東京都千代田区一ツ橋 2-5-5
電話案内 03-5210-4000
http://www.iwanami.co.jp/

印刷・理想社 カバー・半七印刷 製本・牧製本

ISBN 978-4-00-026500-3 Printed in Japan